Christoph Fleischer

Die Quellen der Kraft

Christoph Fleischer

Die Quellen der Kraft

Klinikandachten vom Möhnesee, Fotos von Niklas Fleischer

Fromm Verlag

Imprint

Publisher:
Fromm Verlag
is a trademark of
International Book Market Service Ltd., member of OmniScriptum Publishing Group
17 Meldrum Street, Beau Bassin 71504, Mauritius
Printed at: see last page
ISBN: 978-620-2-44199-5

Inhaltsverzeichnis

Andacht eins, Psalm 48, zur Drüggelter Kapelle (Möhnesee)

Seit einiger Zeit gibt es für den Bereich der Gemeinde Möhnesee eine kleine Broschüre mit der Überschrift "Glücksorte und magische Momente" (*Möhnesee, Glücksorte und Magische Momente, Wege zu den Plätzen der Kraft, hrsg. von der Gäste-Information Möhnesee 2013, www.moehnesee.de*). In dieser Broschüre befindet sich ein Hinweis auf die Drüggelter Kapelle. Die Kapelle ist im Sommer jeden Tag von 10 bis 17 Uhr geöffnet und kann zum Zweck der Besichtigung oder des meditativen Aufenthalts besucht werden. In dem Gotteshaus ist wie in jeder Kirche die Gegenwart des Heiligen Geistes in Zeichen und Symbolen als eine dem Geist entsprechende Energie. Im Gebet hier und anderswo ist die Kraft Gottes persönlich zu erfahren.
Das Thema dieser Broschüre weist darauf hin, dass heute vielen Menschen nicht bewusst ist, dass die Quelle der Kraft in den Worten der Bibel verkündigt genau die ist, die Menschen in sich selbst spüren können. Die Gegenwart Gottes ist die Schöpfung als Ganze und daher auch in jedem und jeder Einzelnen als Kraft erfahrbar.
Die Drüggelter Kapelle ist ein ungewöhnliches Bauwerk und in einer Schlichtheit und trotzdem in seiner Symbolsprache zu einer sakralen Kraftquelle geworden.
Wenn man fragt, welche Symbolik die Gegenwart Gottes am besten vermittelt, kommt man wahrscheinlich auf den Tempel in Jerusalem, ja auf die Heilige Stadt überhaupt. Klar ist, dass man heute die Gegenwart Gottes nicht mehr im Sinn der Religion eines antiken Heiligtums sieht. Umso besser ist es möglich, all das, was im Alten und im Neuen Testament gesagt worden ist, auf die Begegnung mit Gott in einer Kirche oder auch ganz persönlich zu übertragen. Dazu ist es vor allem im Mittelalter wichtig gewesen, dass die Kirchen auch in ihren Symbolen oder in äußeren Merkmalen auf die Heilige Stadt und auf den Tempel bezogen werden können, auch in der Drüggelter Kapelle. Man muss sich einfach nur vorstellen, dass das, was in den Psalmen über Jerusalem gesagt wird, in dieser Kapelle direkt verständlich übertragen werden kann.
In der Offenbarung des Johannes ist im Kapitel 21 die Rede von einem neuen Jerusalem, das von Gott herabkommt und auf der Erde erscheint. Doch schnell wird aus der Beschreibung klar, dass es sich hierbei um ein Symbol handelt. Dieses neue Jerusalem ist die Kirche Jesu Christi, wie sie allgemein in jedem Gotteshaus nachempfunden werden kann. Übereinstimmungen mit der biblischen Symbolsprache finden sich in einfachen Gestaltungsmerkmalen und Orientierungspunkten. Die Betrachtung solcher Merkmale möchte ich am Beispiel des Psalm 48 zeigen, wobei auch noch andere Psalmen ergänzend herangezogen werden können. Die biblischen Psalmen bieten sich an, weil sie schon früher in den Kirchen gebetet, gesungen oder gelesen wurden.
Psalm 48 (Gute Nachricht Bibel)
2 Der HERR ist mächtig! Groß ist der Ruhm unseres Gottes in seiner Stadt und auf seinem heiligen Berg! 3 Prächtig erhebt sich der Zion, eine Freude für die ganze Welt! Er ist der wahre Gottesberg; dort steht die Stadt des großen Königs.

Die Stadt Jerusalem erhebt sich schon einmal über 800 Meter hoch gegenüber dem Meeresspiegel. Sie verteilt sich dort noch auf verschiedene Berge oder Hügel. Schon in ganz alter Zeit soll der Gott der Bibel auf einem Berg angebetet worden sein, vielleicht auf dem Horeb, wo auch Mose die Gebote empfangen hat. Diese Gegenwart Gottes empfinden Menschen nun besonders auf dem alten Berg Zion, dem Tempelberg, wo heute die Goldene Kuppel des Felsendoms zu sehen ist.

Im Psalm 48 ist mit Berg Zion "nicht nur der engste Tempelbereich, sondern die ganze Hügelkuppe gemeint(...), auf der sich der Tempel erhob." (*Othmar Keel, Die Welt der altorientalischen Bildsymbolik und das Alte Testament, Zürich, 1972, S. 101f)*. Die Höhenverhältnisse der einzelnen Gipfel in und um Jerusalem sind zu bedenken: Der alte Zion als Tempelberg ist 743 Meter hoch, was vom salomonischen Teil (der Altstadt) einen Aufstieg von etwa 100 Meter bedeutete. Er wird aber von anderen Berghöhen umgeben: "Er liegt 66 Meter unter demjenigen des Ölbergs, 76 Meter unter dem des Skopus, 33 Meter unter dem des Westhügels, des christlichen Sion, und 53 Meter unter dem des ras el-mekkaber." (*O. Keel, S. 102*) Wenn er der "wahre Gottesberg" ist, dann weil dort die "Stadt des großen Königs" ist, also die Wohnstatt Gottes. Dazu gibt es auch noch ein anderes Psalmwort im Psalm 125, 1+2: "Alle, die dem HERRN vertrauen, sind wie der Zionsberg: für immer unerschütterlich und fest. Ein Schutzwall von Bergen umgibt Jerusalem. So umgibt der HERR sein Volk jetzt und in aller Zukunft." Der Tempel und seine Lage wird zum Bild für die Zuwendung Gottes zu dem Gottesvolk. Das heißt auf den Psalm bezogen: Der Berg, der Gipfel selbst ist die Burg, von der hier die Rede ist.

Dazu ist auf dem Tempelberg an erhöhter Stelle ein Fels. Die Kapelle selbst liegt nicht im Tal, sondern auf einer Anhöhe, der auf der einen Seite die höheren Berge des Arnsberger Waldes gegenüberstehen und auf der anderen Seite die etwas höheren Erhebungen des Haarstrangs. Man könnte auch sagen, sie hat eine Burglage.

Der Felsen auf dem Tempelberg wird heute von den Muslimen als heilig verehrt, doch ist er ja ursprünglich der heilige Fels, vielleicht der erste Altar des Zions. In der Bibel ist vom Felsen sonst wenig die Rede, weil das Allerheiligste wichtiger war. Doch es heißt andererseits, dass "... der heilige Fels des Zions schon früh als kosmischer Schlussstein verstanden (wurde) (Jesaja 28,16, vgl. Mt. 16,18), der den Gipfel des Weltenberges bildet und die nach oben drängenden Chaoswasser zurückhält." (*Keel, S. 161*) Der Kommentar schreibt: "Weil 'sein heiliger Berg', auf dem er residiert, schön und hoch aufragend ist und weil er als 'Weltberg' von dem die Leben gebenden Wasser ausgehen, die ganze Erde stabilisiert, ist diese über ihn glücklich." (*Frank-Lothar Hossfeld/Erich Zenger, Die Psalmen I - III, Echter Verlag, hier:_Die Psalmen I, Psalm 1 - 50, Echter Verlag Würzburg 1993, Zenger, S. 297*)

Bei der Kapelle ist kein solcher Felsen sichtbar, könnte aber als Fundament gedient haben. Symbolisch gesehen ist jeder Gipfel, jeder Erhöhung in der Landschaft der Ort, an dem der Himmel nahe ist.

Der Fels selbst steht auch für Festigkeit, und sein Gestein erinnert an den Ursprung der Erde. Dadurch wird auch zum Symbol für Schutz und Sicherheit:

4 Gott ist in ihren Mauern, er selbst ist ihr Schutz.
Der ursprüngliche Bau einer Stadt und des Tempels bzw. einer Kirche gehören zusammen. Heute sehen wir eine Kirche immer als einzelnes Haus. Das ist falsch. Wir müssen uns fragen, zu welchem Lebensalltag diese Kirche ursprünglich gehörte. Es heisst, "...dass alle chaotischen Mächte an JHWH scheitern, ... (in) der sicheren 'Stadt auf dem Berge', deren 'Steinhäuser' alle feindlichen Angriffe überstanden – weil der Schutzgott dieser Stadt sich an ihr als uneinnehmbarer 'Bergburg' erwiesen hat." (*Zenger, S. 297*).
Ich vermute zuerst einmal aus den Informationen, die ich über die Drüggelter Kapelle habe, dass es hier eine Übernachtungsmöglichkeit für die Reisenden zwischen Soest und Arnsberg gegeben hat. Soest war die Residenz für die Arnsberger Fürsten. Die Drüggelter Kapelle liegt genau auf der Mitte zwischen Soest und Arnsberg. Fußgänger dürften bis hier je einen Tag benötigt haben. Heute stehen nahe der Kapelle einige Höfe. Das wird auch früher nicht viel anders gewesen sein.
Welche Rolle das Brunnen-Wasser spielte, darüber kann man heute nur spekulieren. Heute liegt der Brunnen allerdings einige Meter weit weg. Auch ein Brunnen deutete im Mittelalter symbolisch auf die Verbindung zwischen unserem Alltag und der Schöpfung Gottes hin. Kann man also vermuten, dass das innere Rund auf einen Brunnen zurückgeht, der dann später verlegt wurde? Klar wird auch aus anderen Psalmen deutlich, dass Gott selbst als Schöpfer in dem Element des Wassers gegenwärtig ist. In einer Festung gehört das Wasser zur Sicherung, da bei einem guten Wasservorrat eine Belagerung lange durchgestanden werden kann. Psalm 48 verdeutlicht die Gegenwart Gottes am Beispiel einer Belagerung.

5 Die Könige rotteten sich zusammen und stürmten gemeinsam gegen die Stadt. 6
Doch was sie sahen, ließ sie erstarren, kopflos vor Angst ergriffen sie die Flucht.
7 Das Zittern kam plötzlich über sie, so wie die Wehen über eine Frau, 8
unabwendbar wie der Ostwind, mit dem Gott die größten Schiffe zerbricht.
In einer Erzählung wird das vorgenannte verdeutlicht. Die anderen Könige halten die Stadt für uneinnehmbar und schrecken vor einem Angriff zurück. Schon ihre Verteidigung ist faktisch eine Bedrohung, daher zittern sie vor Angst. Wichtig ist, dass hier von Jerusalem selbst keine Aggression ausgeht, sondern lediglich das Sicherheitsgefühl der Stadt Gottes zur Stärke Gottes wird. Zusammenfassend sagt Psalm 48:

9 Das alles hatte man uns seit langem erzählt; nun haben wir es selbst gesehen in der Stadt, die unserem Gott gehört, dem Herrscher der ganzen Welt. Er hat sie für immer fest gegründet.
Diese erste Reflexion zeigt, dass die Stadt von Gottes Macht fest gegründet ist. Das Zeitalter, in dem viele Kirchen entstanden sind oder fest ausgebaut wurden,

war interessanterweise zugleich das Zeitalter der Kreuzzüge, im 11. und 12. Jahrhundert. Vielleicht hat man in dieser Zeit die Erinnerung an Jerusalem besonders lebendig gehalten. In der Drüggelter Kapelle erinnert daran ein Kreis aus zwölf Säulen, deren Kapitelle alle eine andere Musterung aufweisen. Jede Säule könnte einen anderen Namen tragen, wie die zwölf Stämme des Volkes Israel. Der Psalm spricht nicht von allen Stämmen, bezieht sich aber auch auf das Volk Israel. Von der ganzen Welt ist die Rede und von diesem einen Volk Gottes, hier am Beispiel von Juda.

10 Im Innern deines Tempels, Gott,
erinnern wir uns an deine Güte.
11 In der ganzen Welt wirst du gepriesen,
bis in die fernsten Winkel reicht dein Ruhm.
Sieg und Rettung sind in deiner Hand;
12 deswegen herrscht Freude auf dem Zion!
Du hast für unser Recht gesorgt;
darum jubeln alle Städte in Juda!

Hier wird das, was vorher über die Stadt gesagt wurde, auf den Tempel bezogen. Hier wird deutlich, "...dass der im Tempel auf dem Zion gegenwärtige Gott seine Huld und Güte dadurch erweist, dass er mit seiner Rechten die umfassende Welt- und Heilsordnung als königlicher Richter weltweit 'bis an die Enden der Erde' durchsetzt." *(Zenger, S. 298*) Der Psalm wendet sich nun an die Pilger in Israel, die den Tempelberg besuchen:

13 Umschreitet den Zion, geht rund um die Stadt, zählt ihre starken Türme,
14 bewundert ihren breiten Wall, betrachtet ihre mächtige Burg! Dann könnt ihr's euren Kindern weitersagen:
15 »Seht doch, so mächtig ist Gott! Er ist unser Gott für alle Zeiten und wird uns immer führen.«

Hier hören wir noch einmal eine Begründung für den Bau des Tempels. Die unterschiedlichen Berge Jerusalems stehen wie Götter miteinander in Konkurrenz. Der kleinste von ihnen setzt sich durch, da er der Tempelberg wird. Der dortige Felsen ist ein Zeichen der Gegenwart des Ursprungs. Die Gihon-Quelle muss aber auch mitgedacht werden, da in Gott die schöpferische Kraft des Lebens erfahrbar ist. Es muss um mehr gehen als nur um Schutz und Sicherheit, die von den Türmen, Mauern und Steinhäusern dargestellt wird. Das Gottesbild wandelt sich von einer Natur- und Schutzgottheit zu einer weltumspannenden Gottesvorstellung der alles Leben umfassenden Macht. Diesen Gott können selbst andere Völker als ihren erfahren, da er sich letztlich nicht nur in Jerusalem, sondern überall auf der Welt zu erkennen gibt.
Die Lage Jerusalems und des Tempels kann in Bezug auf die Drüggelter Kapelle zeigen, dass man die Position des Hügels mit der Lage des Tempelberges verglich, dass man Schutz und Sicherheit für die Reisenden garantierte, umso mehr für den Landesherren und seine Gesandten. Spielt das für das Gefühl einer spirituellen

Energie heute immer noch eine Rolle? Ich denke, das geht nicht von selbst, aber sicherlich dann, wenn man durch Lesungen und Lieder Informationen über den Tempel hat und auf die hiesigen Verhältnisse übertragen kann. Immerhin wussten die Leute eines schon damals durch die Psalmen, die in vielen Aussagen auf Gottes Wirken in der Natur hinweisen:
Wir haben nur eine Welt und eine Gegenwart Gottes in dieser Welt, sowohl bei den Menschen wie auch in der Natur.

April
2. Febr.
98.

Andacht zwei. Psalm 90, Ein Gang über den Friedhof

Die religiösen Bilder der Psalmen helfen uns, in unserem Leben Quellen der Kraft zu entdecken und zu nutzen. Ein Ort der Kraft muss kein sakraler Raum sein. Auch Erfahrungen wie die eines Spaziergangs, eines guten Essens oder andere Alltagsgewohnheiten können als Quelle der Kraft gesehen werden. Die Religion ist nicht neben dem Leben, sondern inmitten des Lebens, in seinen eigenen Erfahrungen und Gewohnheiten zu finden. Sie ist vielleicht auf eine ungewöhnliche Art und Weise eine Verbindung zum Unbedingten oder Unverfügbaren und damit zu Gott aber dies in der Gestalt einer ganz gewöhnlichen Erfahrung.
Ein Ort, der hier zu bedenken ist, gerade jetzt im Herbst, ist der Friedhof. Ein Friedhofsgärtner aus Iserlohn ermutigte mich kürzlich gerade dazu, indem er mir von seinen persönlichen Erfahrungen berichtete. Er zeigte mir einen Engel, der von einem ehemaligen Grabmal stammte und irgendwo im Eingangsbereich des Friedhofs Platz gefunden hat (siehe Bild). Obwohl es keinen persönlichen Bezug gibt und er auch keinem bestimmten Platz zugeordnet ist, kommen immer einige Leute dorthin und stellen z. B. eine Kerze dort auf.

Für mich persönlich ist es wichtig, diese Gedanken auch in den Zusammenhang mit der Bibel bringen zu können. Als Text habe ich dazu den 90. Psalm ausgesucht, aus dem ich jeweils einige Verse vorlesen werde. Finde ich dort eine passende Erfahrung, dann nenne ist sie, gibt es im Moment keinen Gedanken dazu, auch gut.
Aber noch eine Sache: Gibt es eine Erfahrung der Trauer, die noch frisch ist, dann bitte ich darum, sie zurückzustellen. Ja es gibt Trauer, und sie gehört zum Leben. Aber der Weg über den Friedhof sollte zunächst von Trauer unberührt gegangen werden. Also denken Sie einmal ruhig an einen Friedhof, auf dem Sie noch keine Beerdigung erlebt haben, der Ihnen vielleicht sogar fremd ist. Gehen sie zum Beispiel im Urlaub über einen völlig fremden Friedhof. Ich wollte vor einiger Zeit in Werl muslimische Gräber suchen, war aber zuvor dort noch nicht auf diesem Friedhof gewesen. Diesen Spaziergang von etwa dreißig Minuten habe ich in Erinnerung, als ich nun die passenden Gedanken zum Psalm 90 gesucht habe.

Psalm 90 (Gute Nachricht Bibel)
1 Ein Gebet von Mose, dem Mann Gottes. Herr, seit Menschengedenken warst du unser Schutz.
Dieser Psalm ist dem Mose gewidmet. Dort, wo man das Grab des Mose vermutet, in Jordanien, auf dem Berg Nebo gegenüber dem tiefen Tal des Toten Meeres, findet man eine uralte christliche Kirche. Das zeigt: Die Frage, wo das Grab eines Menschen ist, scheint die Christenheit immer schon bewegt zu haben. Das Grab Christi wird sogar verehrt, obwohl Jesus nach dem Zeugnis der Bibel dort gar nicht geblieben ist. Egal, die Grabeskirche in Jerusalem ist eine der ältesten Kirche der Welt. Die Katakomben in Rom dagegen sind keine Kirche und dort

wurden keine Gottesdienste gefeiert, wie man früher annahm. Vielmehr sind es unterirdische Friedhöfe, ein Phänomen, ein Hochhaus unter Erde. Das Christentum nahm das Grab sehr wichtig, weil es der Ruheplatz vor der Auferstehung war. Doch später kam immer mehr die Erdbestattung in Übung und die Vorstellung von Auferstehung wurde vergeistigt. Doch ein wichtiger Ort für die Ruhe der Toten sind Friedhöfe bis heute geblieben.
Ich frage nun also: Wofür sind Friedhöfe wichtig und warum, sind sie für den Glauben eine Quelle der Kraft?
Der Psalm sagt: "Herr, seit Menschengedenken warst du unser Schutz." Das eben wird auf dem Friedhof schon einmal deutlich. Hier sind Gräber von Menschen, die nicht nur vor uns gestorben sind, sondern auch vor uns gelebt haben. Wir hören es dann noch später im Psalm: Wir sind nicht allein auf der Welt. Es waren schon Menschen vor uns da. Ihr Glaube ist für uns eine Bestärkung. Sie haben uns den Glauben vermittelt; sie haben ihn praktiziert und in die nächste Generation hineingegeben, nun schon fast 2000 Jahre lang. Auch wenn sie nicht mehr leben, sind die Verstorbenen schon allein durch ihr Leben mit dem Glauben ein Trost. Es geht auch indirekt darin um die Erfahrung der Zeit. Die Zeit ist eine Quelle der Kraft, denn sie ist so voll von Erfahrungen, die mit dem Tod von Menschen nicht einfach verschwunden sind. Menschen vor uns haben Großartiges geleistet und erfahren, geglaubt und gelebt, was uns auch zugutekommt. Menschliche Erfahrung ist eine Quelle der Kraft.

2 Du, Gott, warst schon, bevor die Berge geboren wurden und die Erde unter Wehen entstand, und du bleibst in alle Ewigkeit.
Was erinnert auf einem Friedhof an die Berge und Felsen, die für die Psalmen Zeichen des Lebensalters der Erde sind. Auf den Friedhöfen ist die Verwendung von Stein gerade in unserer Gegend nicht zu übersehen. Nicht nur Grabsteine und Denkmäler, auch die Umfassung der Gräber und manchmal sogar kleine Bauwerke erinnern an Stein und Fels.
Was ist daran eine Quelle der Kraft? Ich denke, dass es eine Erholung darstellt, wenn unsere Probleme mal etwas kleiner werden. Vor dem Alter unserer Erde ist unsere Lebenszeit bescheiden kurz. Gottes Wirken ist für uns letztlich auch deshalb unverfügbar, weil es Generationen von Menschen umfasst und weil wir das göttliche Wirken auch in der ganzen Natur sehen. Das ist keine naturwissenschaftliche Erklärung, sondern ein symbolischer Umgang mit der Natur. Aber der ist eine Quelle der Kraft.

3 Du sagst zum Menschen: »Werde wieder Staub!« So bringst du ihn dorthin zurück, woher er gekommen ist.
In unseren Breiten ist der Friedhof eine Parkanlage. Die Erde bringt Leben hervor und ruft es wieder zurück im Lauf der Jahreszeiten. Jeder Besuch des Friedhofs kann nicht absehen von den Zeichen der Jahreszeiten in der Natur der Friedhofsbepflanzung. Osterglocken und Forsythien im Frühjahr, grüner Rasen und frisches Laub im Sommer, buntes Herbstlaub im Herbst und immergrüne

Bepflanzung im Winter, vielleicht sogar Schnee und Eis. Wir leben nicht nur auf der Erde, wir leben von der Erde und zuletzt gehen wir zur Erde zurück. Die Erde ist eine Quelle der Kraft, denn sie ist unser Lebensraum.

4 Für dich sind tausend Jahre wie ein Tag, so wie gestern – im Nu vergangen, so kurz wie ein paar Nachtstunden.
Ist das eine Quelle der Kraft, die Zeit als vergänglich zu erleben? Gemessen an dem, was wir uns aufbauen, ist hier von Verlust die Rede. Doch auf dem Friedhof, da können wir es zulassen, dass die Zeit fließt, denn wir spüren, dass der Fluss im Einklang mit der Natur geschieht. Wollen wir uns also unserer Natur entgegenstellen oder wollen der Zeit ihren Fluss lassen?

5 Du scheuchst die Menschen fort, sie verschwinden wie ein Traum. Sie sind vergänglich wie das Gras: 6 Morgens noch grünt und blüht es, am Abend schon ist es verwelkt.
Namen auf den Grabsteinen regen doch auch unsere Phantasie an. Wer mag das gewesen sein? Wo und wann hat er oder sie gelebt? In einer Familie oder allein? Es geht hierbei nicht nur um das Vergehen, sondern es geht auch um die einzelnen Lebensbilder. So ist jedes Leben anders, wie sich jede Blume von anderen unterscheidet. Das Grab ist noch so ein letztes Symbol für den Sinn, den ein Mensch seinem Leben gegeben hat. Und: Niemand steigt zweimal in den gleichen Fluss? Es gibt Situationen, in denen Veränderung auch ein Trost ist.

7 Weil du zornig bist und dich gegen uns stellst, sind wir verloren und müssen vergehen.
8 Denn du siehst die geheimsten Fehler; alle unsere Vergehen deckst du auf. 9 Dein Zorn liegt schwer auf unserem Leben, darum ist es so flüchtig wie ein Seufzer.
Im Gegensatz zu dem, was wir zuvor gesehen haben, nehmen wir hier das Unrecht wahr, mit dem der Tod eingreift. Wo ist der Friedhof ein Bild dafür, dass sich Gott auch gegen uns stellt? Das Aufdecken unserer Vergehen, nicht öffentlich, sondern vor Gott, vor uns selbst. Kann es sein, dass uns in der Meditation über den Tod ein Licht aufgeht, dass wir unsere Fehler, ja auch unsere Schuld erkennen? Wenn das so ist, dann ist das eine Quelle der Kraft, denn wer einen Fehler erkennt, macht ihn nicht so schnell noch einmal.

10 Siebzig Jahre sind uns zugemessen, wenn es hoch kommt, achtzig – doch selbst die besten davon sind Mühe und Last! Wie schnell ist alles vorbei und wir sind nicht mehr! 11 Doch wer begreift schon, wie furchtbar dein Zorn ist, und wer nimmt ihn sich zu Herzen? 12 Lass uns erkennen, wie kurz unser Leben ist, damit wir zur Einsicht kommen!
Der Gang über den Friedhof neigt sich dem Ende. Ach ja, ein Spaziergang, ein Weg über den Friedhof ist eine Quelle der Kraft, ja sozusagen eine symbolische Reise ins Totenreich, die damit endet, dass man wieder zu den Lebenden

zurückkehrt. Würden Verstorbene zu den Lebenden zurückkehren, welche Botschaft würden sie überbringen?

13 HERR, wie lange zürnst du uns noch? Hab doch Erbarmen mit uns und wende dich uns wieder zu!
Vielleicht haben wir geweint und Gefühle erlebt, ist das schlimm? Sind Tränen nicht sogar heilsam, weil sie uns unsere Gefühle spüren lassen. Wir sind doch die allermeiste Zeit nicht im Kontakt mit unseren Gefühlen. Das ist schade, denn die Gefühle haben Botschaften für uns. Eine Botschaft empfangen oder heraushören heißt, dass Gott sich zuwendet, dass Sinn aufscheint und Bedeutung deutlich wird. Wir gehen auf das Friedhofstor zu. Das Leben wartet auf uns.

14 Lass uns jeden Morgen spüren, dass du zu uns hältst, dann sind unsere Tage erfüllt von Jubel und Dank.
Der Gang über den Friedhof ließ uns an die Erfahrung der Zeit denken. Jeden Tag ein immer neues Geschenk, so ist die Zeit für uns. "Danke für diesen guten Morgen, danke für jeden neuen Tag." So heißt es in einem neuen Lied.

15 Viele Jahre hast du Unglück über uns gebracht; gib uns nun ebenso viele Freudenjahre! 16 Lass uns noch erleben, dass du eingreifst, zeig unseren Kindern deine große Macht!
Auch wenn uns der einseitig liebende Gott hier etwas verloren geht, so ist doch auch dieses Gottesbild durchaus modern. Gott ist böse und gut gleichzeitig, weil das Leben nicht anders sein kann. Gott ist die Stimme des Lebens. Der Tod gehört auch zum Leben und kann nicht anders gedeutet werden als das Leben selbst. Ein Spaziergang über den Friedhof endet im Leben. Und das Leben ist gut und böse, ist Freude und Trauern. Alles hat seine Zeit.

17 Herr, unser Gott, sei freundlich zu uns! Lass unsere Arbeit nicht vergeblich sein! Ja, Herr, lass gelingen, was wir tun!
Auf dem Friedhof ist auch Arbeit gegenwärtig. Schreiner und Gärtner sind tätig, ein Friedhof muss verwaltet werden – und natürlich werden Verstorbene bestattet, was bedeutet, dass nicht zuletzt die Pastoren auf dem Friedhof arbeiten. Vielleicht haben wir eine Gärtnerin bei der Pflege eines Grabes beobachtet oder einen Steinmetz gesehen, der einen Stein aufgestellt hat. Und die Arbeit gehört auch zu unserem Leben. Ist Arbeit eine Quelle der Kraft? Ja. Der Friedhof würde nicht so schön gepflegt wirken, wenn niemand dort arbeiten würde. Wir leben in der Natur Gottes, aber wir überlassen die nicht sich selbst.
Ich habe gehört, dass jemand sagte, dass es heute selten nur noch so ruhig und friedlich ist, wie auf einem Friedhof. Man hört woanders kaum noch die Vögel zwitschern außer dort. Die Stille und der Gesang der Vögel zeigt doch schon äußerlich, dass der Friedhof eine wichtige Erfahrungsquelle ist, die man durchaus auch hin und wieder für einen Spaziergang nutzen sollte. Da man muss keine falsche Scheu haben. Hier kann man wirklich Ruhe finden, wenn wir sie brauchen,

auch zum Nachdenken. Das Ruhefinden und Nachdenken und Kraftsammeln wäre z. B. so etwas wie der Gegensatz zum Burnout… die Gedanken sprießen wieder…

Andacht drei, Psalm 139 und das Universum

Psalm 139 (Gute Nachricht Bibel)
1 Ein Lied Davids. HERR, du durchschaust mich, du kennst mich bis auf den Grund.
2 Ob ich sitze oder stehe, du weißt es, du kennst meine Pläne von ferne.
3 Ob ich tätig bin oder ausruhe, du siehst mich;
jeder Schritt, den ich mache, ist dir bekannt.
4 Noch ehe ein Wort auf meine Zunge kommt, hast du, HERR, es schon gehört.
5 Von allen Seiten umgibst du mich, ich bin ganz in deiner Hand.
6 Dass du mich so durch und durch kennst, das übersteigt meinen Verstand;
es ist mir zu hoch, ich kann es nicht fassen.
7 Wohin kann ich gehen, um dir zu entrinnen,
wohin fliehen, damit du mich nicht siehst?
8 Steige ich hinauf in den Himmel – du bist da.
Verstecke ich mich in der Totenwelt – dort bist du auch.
9 Fliege ich dorthin, wo die Sonne aufgeht, oder zum Ende des Meeres, wo sie versinkt:
10 auch dort wird deine Hand nach mir greifen, auch dort lässt du mich nicht los.
11 Sage ich: »Finsternis soll mich bedecken, rings um mich werde es Nacht«,
12 so hilft mir das nichts;
denn auch die Finsternis ist für dich nicht dunkel und die Nacht ist so hell wie der Tag.
13 Du hast mich geschaffen mit Leib und Geist, mich zusammengefügt im Schoß
meiner Mutter. 14 Dafür danke ich dir, es erfüllt mich mit Ehrfurcht.
An mir selber erkenne ich: Alle deine Taten sind Wunder!
15 Ich war dir nicht verborgen, als ich im Dunkeln Gestalt annahm, tief unten im Mutterschoß der Erde.
16 Du sahst mich schon fertig, als ich noch ungeformt war.
Im Voraus hast du alles aufgeschrieben;
jeder meiner Tage war schon vorgezeichnet, noch ehe der erste begann.
17 Wie rätselhaft sind mir deine Gedanken, Gott, und wie unermesslich ist ihre Fülle!
18 Sie sind zahlreicher als der Sand am Meer.
Nächtelang denke ich über dich nach und komme an kein Ende.
19 Gott, bring sie doch alle um, die dich und deine Gebote missachten!
Halte mir diese Mörder vom Leib!
20 Sie reden Lästerworte gegen dich;
HERR, deine Feinde missbrauchen deinen Namen!
21 Wie ich sie hasse, die dich hassen, HERR!
Wie ich sie verabscheue, die gegen dich aufstehen!
22 Deine Feinde sind auch meine Feinde, ich hasse sie glühend.
23 Durchforsche mich, Gott, sieh mir ins Herz, prüfe meine Wünsche und Gedanken!

24 Und wenn ich in Gefahr bin, mich von dir zu entfernen,
dann bring mich zurück auf den Weg zu dir!

Der Psalm 139 ist ein einzigartiger Text antiker Literatur. Wie ein Gedicht ist er in Strophen eingeteilt. Der Kommentar unterscheidet vier Strophen: "Der Psalm beschreibt einen Reflexionsprozess des Beters von der Erfahrung seiner umfassenden Erforschung durch den allgegenwärtigen Gott (1. Strophe) über die Erwägungen zu den nicht realisierbaren Fluchtbewegungen des Beters vor Gott (2. Strophe) hin zur Bejahung der Verbindung des Schöpfers mit seinem Geschöpf (3. Strophe) und zu den sich daraus ergebenden Konsequenzen für die Wahrung der Gemeinschaft zwischen dem Beter und dem Weltgott (4. Beter)."

(Frank Lothar Hossfeld, Erich Zenger (+): Die Psalmen III, Psalm 101 – 150, Echter Verlag Würzburg 2012, S. 839, das Kürzel JHWH habe ich durch das Wort Gott ersetzt.)

Die Worte, die der Psalm für Gott, Erde und Mensch gebraucht, werde ich in dieser Predigt dem Erfahrungsraum des Universums zuordnen, weil ich meine, dass einige Aussagen des Psalms in unserer heutigen Sprache die Erfahrungsebene meinen, die wir allgemein das Universum nennen. Manche Menschen, die heute von Universum anstelle von Gott reden, meinen damit allerdings etwas anderes, eher eine kosmische Macht, eben wie ein Gottesbegriff. Ich meine mit Universum einen umfassenden Begriff der Erfahrung von Schöpfung und Natur. Das Universum, das ich meine, lässt sich beobachten und wahrnehmen. Ich nenne dazu ein paar Bilder vom Möhnesee: Das Wasser kräuselt sich vom Wind. Es nimmt die Farbe des Himmels an, heute grau von den Wolken und morgen blau. Die Wälder am Ufer, aber auch die rot untergehende Sonne spiegeln sich darin. Nebel steigt aus den Wäldern hinauf in die
Wolken, die sehr tief hängen. Ein anderes Mal scheint das Sonnenlicht durch die Wolken hindurch und zeichnet regelrechte Strahlen. Im Universum sind die Elemente der Landschaft immer in einer Verbindung miteinander.

In der ersten Strophe des Psalms wird dies schon vorausgesetzt:

1 Ein Lied Davids. HERR, du durchschaust mich, du kennst mich bis auf den
Grund. 2 Ob ich sitze oder stehe, du weißt es, du kennst meine Pläne von ferne. 3
Ob ich tätig bin oder ausruhe, du siehst mich; jeder Schritt, den ich mache, ist dir
bekannt. 4 Noch ehe ein Wort auf meine Zunge kommt, hast du, HERR, es schon
gehört. 5 Von allen Seiten umgibst du mich, ich bin ganz in deiner Hand. 6 Dass
du mich so durch und durch kennst, das übersteigt meinen Verstand; es ist mir zu
hoch, ich kann es nicht fassen.

Wenn in dieser Psalmenbetrachtung die Frage nach dem Universum bedacht werden soll, so ist es klar, dass diese Frage in religiöser Hinsicht mit dem einzelnen Menschen und seinen Gedanken beginnt. Es geht nicht um eine wissenschaftliche Betrachtung der Umgebung, sondern eine, die konsequent aus der menschlichen Perspektive erfolgt. Es ist dabei für die Bibel völlig selbstverständlich, die Gedanken an Gott mit der Natur zu verbinden. Gott ist vom Menschen nicht zu trennen. Der Gott, an den wir glauben und über den wir

nachdenken wollen, ist ein auf den Menschen bezogener Gott. Gott ist in seiner Nähe so universal, dass kein Mensch aus der Beziehung ausgeschlossen ist. Das "Ich" dieser Psalmworte kann von jedem Beter und jeder Beterin mitgesprochen werden.
Der menschliche Körper und die menschliche Person sind der Mikrokosmos. Die Vielfalt und universelle Gestaltung des Universums findet sich im einzelnen Menschen wieder. Das äußere Verhalten ist im Stillstand das Sitzen und Niederlegen, und in der Bewegung das Stehen und Gehen. Gottes Nähe ist hier in keiner Weise schon moralisch bezeichnet. Der Mensch ist Teil des Universums. Die Gotteserkenntnis ist Teil der Welterfahrung. Beides kann nicht voneinander getrennt werden. Dieses wird als ein Wissen bezeichnet.
"Von allen Seiten umgibst du mich" – die Himmelsrichtungen sind Gegenwart Gottes. "Ich bin ganz in deiner Hand." Die Hand Gottes ist das Oben, der Himmel. Gott ist allgegenwärtig, womit aber nicht ausgedrückt wird, dass darin ein Gelenktsein dargestellt wird. Der freie Wille wird nicht in Frage gestellt. Es ist vielmehr ein Gefühl der Verbundenheit. Gott ist die Erfahrung der universellen Verbundenheit, die bis in das Wissen und Fühlen der einzelnen Person übergeht. Die Frage, ob Gott den einzelnen Menschen etwa durch sein Gewissen lenkt, würde erst durch ein rigides Gottesbild entstehen, etwa in einer Art Kontrolle oder strenger Beobachtung. So wie es hier ausgedrückt ist, kommt ein Durchdrungensein zu Tage. Das Sein selbst als der Grund allen Seins ist zugleich in allem gegenwärtig und begegnet mir in allem meinem Tun. Gottes Wesen ist aktive Nähe, ist Hören, Sehen und Wissen. Diese Nähe soll nicht bedrohlich sein, sondern das Gefühl der Geborgenheit im weiten Raum des Universums vermitteln.

7 Wohin kann ich gehen, um dir zu entrinnen, wohin fliehen, damit du mich nicht siehst? 8 Steige ich hinauf in den Himmel – du bist da. Verstecke ich mich in der Totenwelt – dort bist du auch. 9 Fliege ich dorthin, wo die Sonne aufgeht, oder zum Ende des Meeres, wo sie versinkt: 10 auch dort wird deine Hand nach mir greifen, auch dort lässt du mich nicht los. 11 Sage ich: »Finsternis soll mich bedecken, rings um mich werde es Nacht«, 12 so hilft mir das nichts;
denn auch die Finsternis ist für dich nicht dunkel und die Nacht ist so hell wie der Tag.
Bevor ich auf diesen Abschnitt im Einzelnen eingehe, möchte ich an die Erfahrungen des Universums eingehen, die wir selbst machen können. Als ich die Andachtsreihe "Quellen der Kraft" konzipierte, wollte ich Orte, Erfahrungen und Gelegenheiten zeigen, die man von einem bestimmten Ort wie einer Klinik aus machen kann. Einen Spaziergang am Wasser, der Besuch eines Friedhofs oder einer Kapelle. Die Erfahrung des Universums lässt sich dagegen nicht so genau festlegen. Orte und Zeiten können verschieden sein, sind aber immer konkret. Eine sicherlich nicht vollständige Aufzählung möchte ich geben: Wolkenbewegung und Wolkenformationen, Sonnenlicht, Licht überhaupt, Nebel, Regenbogen, Regen, Blitze, Sonnenstrahlen, Horizont, Meer, Sand, Wellen,

Weite, Wasser, Flut, Nacht, Sternenhimmel, Mond, Sonne, Sonnenuntergang und Sonnenaufgang, Mond- und Sonnenfinsternis, der Morgenstern, die blaue Stunde zwischen Tag und Nacht, Mondphasen, Sternzeichen, die Weite des Universums, Lichter, Sternschnuppen, Biologie, Vielfalt der Völker, Rassen und Arten, Tiere und Pflanzen, hohe Berge, Gletscher.
Die Gottesvorstellung in diesem Psalm bildet sich an diesen genannten Phänomenen des Universums. Sie werden in Beziehung gesetzt zum begrenzten Ich des Beters und der Beterin: Wohin kann ich gehen, um dir zu entrinnen, wohin fliehen, damit du mich nicht siehst? Dadurch, dass die Erfahrungen in Beziehung gesetzt werden, entsteht eigentlich erst das Gefühl des Religiösen. Tillich nannte Gott das, was uns "unbedingt angeht" und Schleiermacher sprach von einer "schlechthinnigen Abhängigkeit"
(Paul Tillich: Systematische Theologie, Band 1, Stuttgart 1956, S. 19/ Friedrich Schleiermacher: Der Christliche Glaube, Erster Band, Nachdruck der siebenten Auflage, Berlin 1960).
Der Psalm deutet die Phänomene des Universums vor den Gedanken einer menschlichen Person. Die Phänomene werden in Wortpaaren beschrieben, dem Himmel, oben, entspricht die Unterwelt. Das sich in den Wolken ausbreitende Morgenrot der Sonne wird als nah empfunden, während die grenzenlose Weite des Meeres die Ferne verkörpert. Die Gegenwart Gottes ist dies alles durchdringend, ist sogar Licht in der Dunkelheit. Dieser Vers kann im Zusammenhang mit der Nennung des Totenreichs auf den Tod gedeutet werden, doch das ist hier nicht gemeint. Es geht nur darum, dass die grenzenlose Weite des Universums keinen Gegensatz zur Gegenwart Gottes bildet, sondern dass Gott in all dem wirkt und lebt. Der Paulus der Apostelgeschichte nennt es in Anspielung auf die Philosophie: In dem universellen Gott "leben, weben und sind wir" (Apostelgeschichte 17,28). Und Albert Schweitzer sagte: "ich bin Leben, das leben will, inmitten von Leben, das leben will."
(Albert Schweitzer, Kultur und Ethik, 5. Auflage München 1923, S. 239).

13 Du hast mich geschaffen mit Leib und Geist, mich zusammengefügt im Schoß meiner Mutter. 14 Dafür danke ich dir, es erfüllt mich mit Ehrfurcht. An mir selber erkenne ich: Alle deine Taten sind Wunder! 15 Ich war dir nicht verborgen, als ich im Dunkeln Gestalt annahm, tief unten im Mutterschoß der Erde. 16 Du sahst mich schon fertig, als ich noch ungeformt war. Im Voraus hast du alles aufgeschrieben; jeder meiner Tage war schon vorgezeichnet, noch ehe der erste begann.
Dieser Abschnitt wendet das für die Natur und Umwelt erfahrene und Gedachte auf den eigenen Körper und die eigene Person an. Die Mitte dieses Denkens und den Kern dieser Einstellung bildet die Dankbarkeit: "Dafür danke ich dir. Es erfüllt mich mit Ehrfurcht." Die wunderbare Gestalt der Vielfalt allen Lebens und des harmonischen Wachstums und seiner oft so phantastischen Funktionalität lässt sich an der Gestalt-Werdung des Menschen selbst beobachten. Erstaunlicherweise geht der Beter gar nicht auf die Schöpfung Gottes am Anfang

der Erde ein, sondern auf das Wachsen eines Fötus im Mutterleib. Wer schon eine Geburt erlebt hat, weiß, was das für ein Wunder ist, wenn die menschliche Person auf einmal da ist und lebt. Das Baby lacht oder schreit oder beides. Geist und Leib sind von Anfang an ineinandergefügt. Das Leben selbst ist das Wunder Gottes. Die Gestalt des Lebendigen folgt einen festgelegten Plan. Dieses Wissen, das sich hier im Psalm ausdrückt, macht sich heute die Naturwissenschaft zu eigen bis hin zur Genetik. Was in der Natur geschieht, das planvolle Wachsen und Werden, ist eben auch das Wunder des Lebens im Menschen selbst. Daraus, dass sich aus Ungeformtem die Form entwickelt, folgt der Beter die Vorherbestimmung des Lebens. Das Buch des Lebens ist der Plan, der jedem lebendigen Wachstum innewohnt. Über dies hinaus gibt es hier keine Erkenntnis. Das Gottesbild der Vorherbestimmung stammt vielleicht aus solchen Formulierungen, ist aber hier nicht gemeint.

17 Wie rätselhaft sind mir deine Gedanken, Gott, und wie unermesslich ist ihre Fülle!
18 Sie sind zahlreicher als der Sand am Meer. Nächtelang denke ich über dich nach und komme an kein Ende.
Diese beiden Sätze gehören noch zur dritten Strophe. Ich habe sie abgetrennt, da sie die vorgesagten Gedanken in der Betrachtung der Natur und des Menschen auf das Gottesbild anwenden. Auch hier tauchen Bilder des Universums auf. Die Fülle der biologischen Formen, die nach dem zuvor gesagten Gestalten der göttlichen Gedanken sind und die Fülle des Meeres und der Sand. Auch die menschlichen Gedanken können das Bild einer solchen Fülle darstellen, kommen aber immer wieder in der Betrachtung der Natur an Grenzen. Diese Grenzen gilt es sorgfältig abzuwägen. Hier ist nicht davon die Rede, dass in der Befolgung des Auftrags, sich die Erde untertan zu machen, die Grenzen des göttlichen Wirkens missachtet werden sollen. Das wäre dem alttestamentlichen Beter niemals eingefallen.

19 Gott, bring sie doch alle um, die dich und deine Gebote missachten! Halte mir diese Mörder vom Leib! 20 Sie reden Lästerworte gegen dich; HERR, deine Feinde missbrauchen deinen Namen ! 21 Wie ich sie hasse, die dich hassen, HERR! Wie ich sie verabscheue, die gegen dich aufstehen! 22 Deine Feinde sind auch meine Feinde, ich hasse sie glühend.
Auch die letzte Strophe habe ich in zwei Teile geteilt. Dieser Text in diesem wunderschönen Psalm ist absolut beschämend. Es haut mich immer wieder um, dass solche schlimmen Worte in der Bibel stehen. Der Beter wünscht, dass Gott die Feinde umbringt und spricht von Hass und Abscheu. Warum lehrt die Religion andere Menschen zu hassen? Es gibt gottseidank auch andere Worte, die für uns Christen mehr Gültigkeit haben: "Liebet eure Feinde, tut wohl denen, die euch hassen" in der Bergpredigt (Matthäus 5, 44). Vom Anfang her sollte man im Auge behalten, dass hier der König spricht. Es geht eher um politische Feinde als um menschliche Feindschaft. In einer Hinsicht liegt hier schon ein Fortschritt vor,

denn die Umsetzung des Tötungswunsches bleibt dem Menschen verwehrt und legt es Gott anheim. Die Tötung der Feinde taucht hier nur als Projektion auf. Es ist keine Aufforderung zum Kampf, es geht eher um eine Art Widerständigkeit in einer Situation der Feindschaft. Und das kennt dann doch auch wieder jeder von uns. Wer hat sich nicht einmal auch über andere Menschen geärgert. Wir sind nicht allein auf dieser Welt und andere Menschen wollen auch leben, essen und wohnen. Das beschwört Konflikte herauf, Konflikte, die die Welt bis heute zerreißt. Der Wunsch, die Feinde mögen verschwinden, ist ein naives Missverständnis. Das ist natürlich Quatsch. Es geht darum, gemeinsam auf diesem Planeten zu leben. Alle Menschen sind wunderbar gemacht und sollten Gott für die Güte des Lebendigen danken, so wie es noch zuvor ausgesprochen worden ist. Doch den Gedanken der Widerstandskraft haben wir hier auch entnommen. Auch andere Psalmen freuen sich über einen gedeckten Tisch im Angesicht der Feinde. Wir werden die Feinde nicht los, indem wir Feindschaft einfach ignorieren oder wegdiskutieren. Nur der Hass, der uns hier entgegenschlägt, ist so meine ich, doch kein guter Ratgeber.

23 Durchforsche mich, Gott, sieh mir ins Herz, prüfe meine Wünsche und Gedanken! 24 Und wenn ich in Gefahr bin, mich von dir zu entfernen, dann bring mich zurück auf den Weg zu dir!
Konsequenterweise findet der Psalm in den Schlussversen zum eigenen Ich zurück. Es geht eben gerade nicht darum, blindwütigen Hass auszuleben, sondern sich selbst zu erforschen und auf die eigenen Wünsche und Gedanken zu achten. Jeder und jede sind ist immer in der Gefahr, sich vom Gott und von der grenzenlose Güte des Lebens zu entfernen. Das Universum ist so weit und wunderbar. Da sollten wir uns nicht in kleinlichen Hassgedanken verlieren, sondern unser Leben von Liebe und Dankbarkeit leiten lassen. Das ist die wahre Religion. Liebe und Dankbarkeit für das eigene Leben. Jeder Tag ist ein Geschenk des lebendigen Gottes und Schöpfers. Gott wirkt in allem, was lebt.
Amen.

Andacht vier, Psalm 103 und die Lebensgeschichte

Psalm 103 (Gute Nachricht Bibel)
1 Von David. Auf, mein Herz, preise den HERRN!
Alles in mir soll den heiligen Gott rühmen!
2 Auf, mein Herz, preise den HERRN und vergiss nie, was er für mich getan hat!
3 Meine ganze Schuld hat er mir vergeben,
von aller Krankheit hat er mich geheilt,
4 dem Grab hat er mich entrissen,
hat mich mit Güte und Erbarmen überschüttet.
5 Mit guten Gaben erhält er mein Leben,
täglich erneuert er meine Kraft
und ich bleibe jung und stark wie ein Adler.
6 Der HERR greift ein mit heilvollen Taten,
den Unterdrückten verschafft er Recht.
7 Mose hat er eingeweiht in seine Pläne,
Israel hat er seine Wunder sehen lassen.
8 Der HERR ist voll Liebe und Erbarmen,
voll Geduld und unendlicher Güte.
9 Er klagt nicht immerfort an und bleibt nicht für alle Zeit zornig.
10 Er straft uns nicht, wie wir es verdienten,
unsere Untaten zahlt er uns nicht heim.
11 So unermesslich groß wie der Himmel ist seine Güte zu denen, die ihn ehren.
12 So fern der Osten vom Westen liegt, so weit entfernt er die Schuld von uns.
13 Wie ein Vater mit seinen Kindern Erbarmen hat,
so hat der HERR Erbarmen mit denen, die ihn ehren.
14 Er weiß, was für Geschöpfe wir sind; er kennt uns doch: Wir sind nur Staub!
15 Der Mensch ist vergänglich wie das Gras, es ergeht ihm wie der Blume im
Steppenland:
16 Ein heißer Wind kommt – schon ist sie fort, und wo sie stand, bleibt keine Spur
von ihr.
17 Doch die Güte Gottes bleibt für immer bestehen;
bis in die fernste Zukunft gilt sie denen, die ihn ehren.
Er hält auch noch zu ihren Kindern und Enkeln,
18 wenn sie nur seinem Bund treu bleiben und nach seinen Geboten leben.
19 Der HERR hat seinen Thron im Himmel errichtet,
er herrscht als König über alle Welt.
20 Preist den HERRN, ihr starken Engel,
die ihr ihm aufs Wort gehorcht und seine Befehle ausführt!
21 Preist den HERRN, ihr mächtigen Diener, die ihr seinen Willen vollstreckt!
22 Preist den HERRN, ihr Geschöpfe alle, wo immer ihr lebt in seinem Reich!
Auch du, mein Herz, preise den HERRN!
103 1 Von David. Auf, mein Herz, preise den HERRN! Alles in mir soll den
heiligen Gott rühmen!

Es mag zu Beginn noch offenbleiben, was in diesem Psalm als Quelle der Kraft beschrieben wird. Ist es der Gesang, ist es das dankbare Gebet oder ist die die Gemeinschaft? All diese religiösen Handlungen wären als Quellen der Kraft möglich. Ich möchte jedoch eher vor allem nach dem Thema fragen. Das Thema ist der Mensch am Beispiel der eigenen Person, modern gesagt des Individuums.

Alles in mir soll Gott loben. In dieser Übersetzung heißt es "mein Herz", woanders "meine Seele". Das ist die Entsprechung zum Segen. Wer von Gott gesegnet wird, der wird innerlich gestärkt. Der Psalm redet hier ja gar nicht direkt zu Gott, sondern befindet sich in einem Selbstgespräch mit seiner Seele. Hier werden Ich und Selbst unterschieden, ohne dass eines von beiden abgewertet wird. Ich sehe hier im Ich eher den denkenden und sprechenden Teil und in der Seele den gefühlvollen, empfangenden Teil, der aber auch loben kann. Im Gegensatz zu einigen Konzepten neige ich nicht dazu, das Ich, genannt Ego gegen das selbst abzuwerten. Ich denke uns als eine Zusammenarbeit von ich und Selbst, wie es auch her im Psalm dargestellt wird.
Das Thema des Psalms sind also Gedanken und Worte, die ich selbst in Bezug auf mein Leben habe. Dazu gehört der Atem, die Lebendigkeit und alle Organe, genauso wie die Erfahrung der Zeit. Es passiert dabei, dass ich mein Leben deute, ihm Sinn und Bedeutung gebe, also selbst eine Lebensgeschichte erzähle. Die Bibel fordert in diesem Gebet auf, sich selbst im Gebet auf das eigene Leben zu besinnen und dem eigenen Leben vor Gott und Bedeutung zu geben. Das geschieht formal im Stil einer Aufforderung.
Diese Deutung des Lebens passiert nicht von selbst, sondern will bewusst getan und gedacht werden. Die Themen, die der Psalm anspricht sind allesamt sehr wichtig und kommen in der Religion oft vor. So lassen sich hier auch Parallelen zum Vater unser Gebet finden. Spirituell ist es nun vereinfacht, den Satz zu lesen und eine Quelle der Kraft, den Worten des Psalms zu folgen und in Gedanken auf das eigene Leben zu beziehen. Der wichtigste Gedanke, zu dem dieses Gebet auffordert, ist wohl der der Dankbarkeit. Die Dankbarkeit für das Leben ist der Anfang der Religion, denn sie macht den Zusammenhang des ganzen Lebens bewusst.

2 Auf, mein Herz, preise den HERRN und vergiss nie, was er für mich getan hat!
Wenn das Herz in den Lobpreis Gottes einstimmen soll, ist ja kaum an das innere Organ Herz und Kreislauf gedacht. Erinnerung ist der Schlüssel des Denkens. Das heißt: Gott ist im Denken der Menschen, wenn sie sich daran erinnern, was das Herz von Gott empfängt. Sollen wir hier unsere Phantasie schweifen lassen und bei Herz an Liebe und Gefühl denken, oder sollen wir konsequent sein, und uns den Sinn aus dem Zusammenhang erschließen. Dann ist wohl eher an das Leben an sich zu denken.
Und das passt auch zur Unverfügbarkeit, die wir Gott zuordnen! Auch im Leben von Geburt bis zum Ende. Das Leben können wir nicht selbst machen, auch wenn wir nach bestem Wissen für unsere Gesundheit sorgen können. Daraus schließe

ich, dass Gott Leben gibt und Lebendigkeit das Geschenk Gottes ist. Praktischerweise kann man das auch auf Lebensereignisse beziehen, in denen wir quasi unserem Schutzengel begegnet sind, also einmal die Lebensrettung erfahren haben. Konkrete Lebensereignisse haben uns geprägt und sind als durchgelebte Zeit auch eine Quelle der Kraft.
Die nächsten drei Verse enthalten sechs konkrete Lebensereignisse, die jeder vielleicht erfahren hat. Diese Stichworte müssen nicht auf jeden zutreffen. Es sind Beispiele für Krankheit, Vergebung und Heilung:
3 Meine ganze Schuld hat er mir vergeben, – Schuld ist ein zwischenmenschliches Ereignis, eine soziale Krankheit. Schuld ist vergeben heißt, dass es auch nach Streit und Konflikt neue Wege geben kann.
von aller Krankheit hat er mich geheilt, — Heilung ist sicher die wichtigste Erfahrung eines bewahrten und geretteten Lebens. Wir wissen oft, dass Heilung auch manchmal darauf hinausläuft, dass wir unsere Krankheiten integrieren können und zu leben verstehen. Von immerwährender Arbeitsfähigkeit und Perfektionismus ist hier nicht die Rede.
4 dem Grab hat er mich entrissen, — wie oben angeführt: ein lebensrettendes Ereignis, dass aber zugleich die Bedrohung des Lebens vor Augen geführt hat.
hat mich mit Güte und Erbarmen überschüttet. — das eben ist die Entsprechung des Lebens. Ich denke, es genügt hierbei auch, das Leben für sich selbst als gut und erträglich zu erleben.
5 Mit guten Gaben erhält er mein Leben, — dazu können auch materielle Erfolge gehören. Sicher nicht auf Kosten anderer, aber als Lohn und Ertrag für Mühe und Arbeit.
täglich erneuert er meine Kraft — hier kommt es wieder zum Tragen, dass dieses Leben auch ein tägliches Geschenk ist und wir jeden Tag neue Kraft erfahren können.
und ich bleibe jung und stark wie ein Adler. — vielleicht ist damit gemeint, dass man immer so alt ist, wie man sich fühlt.
Mit den nächsten Versen verlässt der Beter, durchaus zum gedachten Autor David passend, die persönlichen Gebete und denkt an das Schicksal einer ganzen Nation, vielleicht sogar der ganzen Welt. Frieden und Gerechtigkeit der Gesellschaft gehören auch zum persönlichen Erfolg. Es ist schon wichtig, ob wir in Krieg oder in Frieden leben und aufwachsen.

6 Der HERR greift ein mit heilvollen Taten, den Unterdrückten verschafft er Recht. 7 Mose hat er eingeweiht in seine Pläne, Israel hat er seine Wunder sehen lassen. 8 Der HERR ist voll Liebe und Erbarmen, voll Geduld und unendlicher Güte. 9 Er klagt nicht immerfort an und bleibt nicht für alle Zeit zornig. 10 Er straft uns nicht, wie wir es verdienten, unsere Untaten zahlt er uns nicht heim.
Der Ort der Religion ist also mitten in der Gesellschaft. Die Lebensereignisse der einzelnen sind immer vom gesellschaftlichen Umfeld geprägt, von Krieg und Zerstörung, oder von Frieden und Wohlstand. Trotzdem gibt es auch das Leben, das noch mehr ist als Politik und Geschichte. Wir Menschen sind Teil der Natur

und nennen Gott deshalb den Schöpfer.

11 So unermesslich groß wie der Himmel ist seine Güte zu denen, die ihn ehren.
12 So fern der Osten vom Westen liegt, so weit entfernt er die Schuld von uns. 13
Wie ein Vater mit seinen Kindern Erbarmen hat, so hat der HERR Erbarmen mit denen, die ihn ehren.
Die Beziehung Gott/Mensch, die oft symbolisch in Bilder gefasst wird, kann hier als Eltern/Kind- Beziehung gedacht werden. Die Langmut von Eltern ist das Bild für die Sündenvergebung, von Jesus konkret erzählt im Bild des versöhnenden Vaters und des verlorenen Sohnes.

14 Er weiß, was für Geschöpfe wir sind; er kennt uns doch: Wir sind nur Staub!
15 Der Mensch ist vergänglich wie das Gras, es ergeht ihm wie der Blume im
Steppenland: 16 Ein heißer Wind kommt – schon ist sie fort, und wo sie stand,
bleibt keine Spur von ihr.
Das Alte Testament ignoriert unsere Vergänglichkeit nicht, sondern sieht darin genau den Gegensatz zum Ewigen und Lebendigen. Wer sein Leben oberflächlich lebt ohne Rücksicht auf die Unverfügbarkeit, macht einen entscheidenden Fehler. Dennoch ist Gott gerade in einzelnen Lebensereignissen zu erfahren.

17 Doch die Güte Gottes bleibt für immer bestehen; bis in die fernste Zukunft gilt
sie denen, die ihn ehren. Er hält auch noch zu ihren Kindern und Enkeln, 18 wenn
sie nur seinem Bund treu bleiben und nach seinen Geboten leben. 19 Der HERR
hat seinen Thron im Himmel errichtet, er herrscht als König über alle Welt.
Der König, der dieses Gebet spricht, hat einen König über sich. Er selbst ist nicht absolut, sondern gehört zum Leben der Schöpfung. Der Himmel ist auf der Erde. Himmel ist das Bild der Gegenwart des Heiligen, ein Bild für den Segen.

20 Preist den HERRN, ihr starken Engel, die ihr ihm aufs Wort gehorcht und seine
Befehle ausführt! 21 Preist den HERRN, ihr mächtigen Diener, die ihr seinen
Willen vollstreckt! 22 Preist den HERRN, ihr Geschöpfe alle, wo immer ihr lebt
in seinem Reich! Auch du, mein Herz, preise den HERRN!
Der Schluss bindet zusammen, das Leben einzelner Menschen und der ganzen Welt. Der Himmel wird zum Reich Gottes. Das Reich Gottes ist der Raum aller Geschöpfe. Gott kann sich nicht auf dieses eine Land festlegen lassen. Engel ist sind Bilder für die Kräfte Gottes, die einzelne Menschen in ihrem Leben erfahren.

Lebensglück. Nach Psalm 103. (vom Autor)

Du, Gott, wenn ich das Glück bedenke,
Dann schlägt mein Herz in schnellem Takt.
Und aller Sinnen Fühlen lenke
Ich dann auf das, was mir behagt.

Du, Gott, warst immer mir zur Seite.
Ich durfte fehlen, tagelang,
Und auch danach ich sicher schreite.
Und keine Krankheit blieb zu lang.

Du, Gott, ich spüre dich im Leben,
Und sage Dir dafür jetzt Dank,
Und denke, es ist dein Bestreben,
Dass ich bekomme Speis und Trank.

Du, Gott, ich lernte Menschen kennen,
Und fand sie nicht so übel dann.
Auch wenn wir um die Wette rennen,
So gibt es Freude dann und wann.

Du, Gott, hier gibt es auch zu leiden,
Geht´s nicht mit rechten Dingen zu.
Nur, wenn wir Unterdrückung meiden,
Zum Frieden führt der Schritt im Nu.

Du, Gott, dein Siegel ist Erbarmen.
Dein Stempel ist Gerechtigkeit.
Mit Güte finden dann die Armen
Das Leben, das zum Heil bereit.

Du, Gott, sag uns, wann willst du strafen?
Kommt eines Tags die neue Welt?
Wird ich die Zukunft heut´ verschlafen,
Weil ich das Feld noch nicht bestellt?

Du, Gott, was immer wir auch taten,
Es wird nicht abgerechnet sein.
Mit deiner Güte Wunder-Raten,
Die Bosheit schwindet von allein.

Du, Gott, wie Eltern mit den Kindern,
So reden manches gute Wort,
So willst auch du niemals verhindern,
Was Menschen tun an jedem Ort.

Du, Gott, wie Blumen in der Hitze,
Die trocknet durch den Steppenwind,
So schwinden unsres Lebens Witze.
Der Atem fehlt dem Menschenkind.

Du, Gott, bleibst doch mit deiner Güte
In Zukunftstagen uns dann treu.
Die Menschheit immerdar behüte
Vor Krieg und vor dem bösen Leu.

Du, Gott, wir bleiben dir gewogen.
Wenn du mit deinem Lebensgeist,
Die Wege, die wir einst gezogen,
Mit Engeln unsichtbar durchreist.

Du, Gott, wie leben die wir lieben
Dann miteinander in der Welt?
Wir hoffen, dass sich dann in Frieden,
Wird weiter dreh´n das Himmelszelt.
(Aus: Psalmengedichte. Christoph Fleischer, Neubearbeitung, Werl 2011
http://www.der-schwache-glaube.de/?p=1008)

Andacht fünf, Psalm 91, Kopf im Himmel – Füße auf der Erde

Psalm 91 (Gute Nachricht Bibel)
1 Wer unter dem Schutz des höchsten Gottes lebt, darf ruhen bei ihm, der alle
Macht hat. 2 Er sagt zum HERRN: »Du bist meine Zuflucht, bei dir bin ich sicher
wie in einer Burg. Mein Gott, ich vertraue dir!« 3 Du kannst dich darauf verlassen:
Der HERR wird dich retten vor den Fallen, die man dir stellt, vor Verrat und
Verleumdung. 4 Er breitet seine Flügel über dich, ganz nahe bei ihm bist du
geborgen. Wie Schild und Schutzwall deckt dich seine Treue. 5 Du musst keine
Angst mehr haben vor Gefahren und Schrecken bei Nacht, auch nicht vor
Überfällen bei Tag, 6 vor der Seuche, die im Dunkeln zuschlägt, oder dem Fieber,
das am Mittag wütet. 7 Auch wenn tausend neben dir sterben und zehntausend
rings um dich fallen – dich selber wird es nicht treffen. 8 Mit eigenen Augen wirst
du sehen, wie Gott alle straft, die ihn missachten. 9 Du sagst: »Der HERR ist
meine Zuflucht.« Beim höchsten Gott hast du Schutz gefunden. 10 Darum wird
dir nichts Böses geschehen, kein Unheil darf dein Haus bedrohen. 11 Gott hat
seinen Engeln befohlen, dich zu beschützen, wohin du auch gehst.
12 Sie werden dich auf Händen tragen, damit du nicht über Steine stolperst. 13
Löwen und Schlangen können dir nicht schaden, du wirst sie alle niedertreten. 14
Gott selber sagt: »Er hängt an mir mit ganzer Liebe, darum werde ich ihn
bewahren. Weil er mich kennt und ehrt, werde ich ihn in Sicherheit bringen. 15
Wenn er mich ruft, dann antworte ich. Wenn er in Not ist, bin ich bei ihm; ich
hole ihn heraus und bringe ihn zu Ehren. 16 Ich gebe ihm ein langes, erfülltes
Leben; er wird die Hilfe erfahren, auf die er wartet.«

1 Wer unter dem Schutz des höchsten Gottes lebt, darf ruhen bei ihm, der alle
Macht hat. 2 Er sagt zum HERRN: »Du bist meine Zuflucht, bei dir bin ich sicher
wie in einer Burg. Mein Gott, ich vertraue dir!«
"Ein feste Burg ist unser Gott" – Luther skizziert in Aufnahme dieses Bildes aus Psalm 91 die gefühlsmäßige Sicherheit des Glaubens in einer durch den Teufel bedrohten Welt. Luther versteht den Teufel nicht als Gegengott, sondern als das Prinzip der Gott entgegenstehenden Welt. Dadurch entsteht ein Dualismus, eine Gegenüberstellung von Gott und Welt. Man kann sagen: Durch Gott wird Welt. Nun werden Christinnen und Christen ebenfalls auf dieser Erde leben, aber eben nicht im Weltbezug, sondern im Gottesbezug.
Diese Aussage ist vielleicht etwas schwierig zu erklären, wenn man Gott als das Ganze des Lebens versteht. Aber es ist im Vollzug der einzelnen Lebenslinien eben durchaus nicht dasselbe, ob man sich an die Einzelheiten oder Spannungen des Lebens verliert, oder ob das Leben im Sinne des Ganzen geschieht.
Zunächst einmal ist das Ganze schlicht vorgegeben, wie man es sieht, wenn man das Leben als Geschenk dankbar annimmt. Ich lebe so wie das Ei, auf dem die Henne brütet, wie ein Fötus vom Mutterleib umgeben. Doch Himmel und Erde sind nicht zwei Welten. Himmel ist hier, wenn ich dem Grund des Lebens vertraue. Himmel ist hier, wenn ich mich tragen lasse von der Kraft, die mich

umgibt. In Gott leben ist Ausdruck des Vertrauens. Das wird nun im Psalm im Einzelnen entfaltet. Der folgende Dialog kann als Selbstgespräch verstanden werden oder als ein Gespräch zwischen zwei Stimmen. Die eine Stimme ist die des Glaubens und die andere ist die Person, die die einzelnen Gefahren des Lebens durchlebt.

3 Du kannst dich darauf verlassen:
Der HERR wird dich retten vor den Fallen, die man dir stellt, vor Verrat und Verleumdung. 4 Er breitet seine Flügel über dich, ganz nahe bei ihm bist du geborgen.
Wie Schild und Schutzwall deckt dich seine Treue.
5 Du musst keine Angst mehr haben vor Gefahren und Schrecken bei Nacht,
auch nicht vor Überfällen bei Tag,
6 vor der Seuche, die im Dunkeln zuschlägt, oder dem Fieber, das am Mittag wütet.
7 Auch wenn tausend neben dir sterben und zehntausend rings um dich fallen – dich selber wird es nicht treffen.
8 Mit eigenen Augen wirst du sehen, wie Gott alle straft, die ihn missachten.
9 Du sagst: »Der HERR ist meine Zuflucht.« Beim höchsten Gott hast du Schutz gefunden.
10 Darum wird dir nichts Böses geschehen, kein Unheil darf dein Haus bedrohen.
11 Gott hat seinen Engeln befohlen, dich zu beschützen, wohin du auch gehst.
12 Sie werden dich auf Händen tragen, damit du nicht über Steine stolperst.
13 Löwen und Schlangen können dir nicht schaden, du wirst sie alle niedertreten.
Diese elf Verse haben eines gemeinsam: Sie schildern die Schutzerfahrung in unterschiedlicher Hinsicht. Einige Begriffe sind bildhaft symbolisch, lassen sich aber auch auf konkrete Erfahrungen beziehen. Die Schlinge des Jägers, daherfliegende Pfeile, ja sogar der Krieg. So wird die Gefahr auf die Todesangst hin gesteigert. Etwas allgemeiner ist "alles Verderben" und die "Schrecken der Nacht". "Pest" und "Seuche" lenken ab von der Bedrohung durch andere, als Frevler oder Feinde bezeichnet, hin zur Krankheit, die das Leben quasi von innen gefährdet.
Die Hauptaussage des inneren Dialogs ist: Du brauchst dich nicht zu fürchten. Das Gebet spricht in die Situation von Furcht und Angst hinein und nennt einige Angsterfahrungen stellvertretend beim Namen. Angst muss aus dem Schatten heraus. Sie sollte beim Namen genannt werden, dann verliert sie ihren Schrecken. Der Schrecken der Nacht verliert sich bei Tage und stellt sich auch als Täuschung heraus.
Die Schilderung der Bedrohungssituation wechselt ab mit Bildern des Bewahrens und Behütens.
Da ist zunächst das Bild eines großen Vogels, der seine Jungen mit seinen Flügeln beschützt und bedeckt. "Unter seinen Schwingen findest du Zuflucht." So wird es auch in einem Abendlied aufgenommen: "Breit aus die Flügel beide, o Jesu meine Freude und nimm dein Küchlein ein. Will Satan mich verschlingen, so laß die

Englein singen, dies Kind soll unverletzet sein. ' (*Paul Gerhardt/1647: Nun ruhen alle Wälder, Evangelisches Gesangbuch 477, Vers 8*)
Dann ist es die Aussage, dass Gott selbst, der Höchste, Zuflucht und Schutz erweist. Es ist also kein indirekter Schutz, sondern ein direkter. Damit wir der erste Vers aufgegriffen: im "Schutz des Höchsten". Die Schutzerfahrung ist die Bewahrung durch Gott, die Zusage seiner Gegenwart, die jede Angst vermindert. Die weiteren Schilderungen sind allenfalls eine Verstärkung oder Verdeutlichung. Das gilt auch für die Engel. Engel sind Boten und Kräfte Gottes. Auch diese Schutzerfahrung wird auf eine konkrete Situation angewandt, die aber dann bildhaft symbolisch verstärkt wird, das Bild des Weges. Auf dem Weg kommt es also weder zu einem Unfall, zu einem Sturz, noch wird die äußere Bedrohung durch die Tiere eintreten. Durch die Hereinnahme der Wegerfahrung ist Gott nicht mehr auf einen Ort festgelegt, wie etwa den Tempel. Gottes Schutz ist universell, genauso auf dem Weg wie an einem Ort. Die Gegenwart Gottes wird zum überall gegenwärtigen Himmel.
Wichtig ist, von den Bildern ausgehend nach der Erfahrung der Präsenz Gottes zu fragen. Offensichtlich geht es nicht darum, angesichts der massiven Bedrohung eine Haltung der Vorsicht einzuüben. Selbst die härteste Schlacht ist ebenso denkbar wie der gefährlichste Weg.
Der eigentliche Effekt, den der Psalm wie die Gegenwart Gottes selbst bewirkt ist, im Einverständnis mit allem, was geschieht zu leben, sich jeder Bedrohung bewusst zu stellen und seine eigene Einstellung nicht durch Ängste zu verstellen. Es geht zugleich darum, nicht alle Bedrohung selbst beseitigen zu wollen. Gott nimmt sich dieser an und lässt die Gegner, die Feinde zu Fall kommen.

14 Gott selber sagt: »Er hängt an mir mit ganzer Liebe, darum werde ich ihn bewahren. Weil er mich kennt und ehrt, werde ich ihn in Sicherheit bringen. 15 Wenn er mich ruft, dann antworte ich. Wenn er in Not ist, bin ich bei ihm; ich hole ihn heraus und bringe ihn zu Ehren. 16 Ich gebe ihm ein langes, erfülltes Leben; er wird die Hilfe erfahren, auf die er wartet.«
Dem Beten, dem Reden zu Gott wird Antwort zuteil. Das ist keine direkte Antwort, sondern eine Zusammenfassung der Zusagen der Bibel, hier auch des Psalms. Das Bekenntnis des Beters, der Beterin wird mit der Zusage Gottes beantwortet. Hier wird noch der Name Gottes vorausgesetzt, der später durch die Bezeichnung HERR ersetzt wird. Der Name auf Hebräisch JHWH ist zu übersetzen mit "ich werde da sein". Die Gegenwart Gottes ist seine Bedeutung, seine Nähe ist sein Heil. Wie hängt diese Nähe mit dem Glauben und dem Gebet zusammen? Die Nähe Gottes ist in Korrespondenz mit dem Glauben. Kann man auch sagen: Der Glaube an Gott ruft die Gottheit herbei? Fakt ist, dass nicht der Glaube die Antwort ist, sondern der Glaube ist Bitte um Gottes Nähe, und Gottes Handeln folgt daraus. Glaube ist also keinesfalls Antwort, wie es immer heißt, sondern Glaube ist Tat. Wo Vertrauen ist, da schenkt Gott seine Nähe. Wo Zuversicht ist, da gibt sich Gott zu erkennen. Wo jemand zu Gott ruft, werden er oder sie eine Antwort erhalten. Wer in Not ist und auf Gott vertraut, wer auf Gott

wartet, wird Hilfe erfahren. Der Glaube wird mit einem langen Leben gesegnet. Ein wenig erinnern diese Aussagen an die Seligpreisungen nach dem Motto: "Selig sind die Leidtragenden, denn sie werden getröstet werden." (*Matthäus 5,4*). Die Kraft Gottes steht als Antwort auf die Bitte um Gottes Gegenwart neben dem Leben; sie entspricht dem Leben und drückt sich im Leben aus.
Was ist hier denn nun die Quelle der Kraft? Die Füße auf dem Boden und der Kopf im Himmel. Das Leben bewältigen und dabei den inneren Dialog führen, der zum Gebet werden kann. Im Gebet ist die Anrede "Gott" und so ist Gott präsent. In dieser inneren Präsenz liegen die Kräfte, die zur Bewältigung des Alltags führen. Wenn wir nach der üblichen kirchlichen Lehre Gott außerhalb unserer Selbst suchen, stoßen wir bald auf den Widerspruch der mangelnden Gebetserhörung und auf die Frage des Leides, das Gott zulässt. Doch Gott ist nicht außen, sondern innen als Gegenüber im inneren Dialog. Dieser Gott ist nah im Glauben, und in dieser Nähe liegt zugleich die Kraft.

Andacht sechs, Psalm 73, Nähe und Beziehung

Zunächst möchte ich nur eine Beobachtung mitteilen, die ich bei der Vorbereitung einer kirchlichen Trauung gemacht habe.
Aus einer Spruchsammlung suchte sich ein Paar als Trauspruch das Wort aus Psalm 73 aus: "Dennoch bleibe ich stets an dir, denn du hältst mich bei meiner rechten Hand, du leitest mich nach deinem Rat und nimmst mich am Ende mit Ehren an."
Bis zu diesem Zeitpunkt war dieser Psalm für mich der ideale Text für die Sterbebegleitung, aber nicht für eine Trauung. Da ging ich aus von dem Inhalt des Wortes "Dennoch", das den Willen betont, zu Gott zu gehören auch in extremen Lagen. Und nun kommt dieses Brautpaar her und nimmt das Wort als eine Bild für eine ideale Beziehung. Und aus dieser Perspektive des Paares entdeckte ich, dass in diesem Vers, ja und zuletzt im gesamten Psalm, von einer Beziehung die Rede ist. Auch in einer Beziehung kommt es zu einem Dennoch, einer Situation, die die Beziehung in eine Krise bringt.
Doch dazu wird nun das Dreifache bekräftigt: ich bleibe an dir, denn du hältst mich an der Hand fest, dich kann ich alles fragen und du akzeptierst mich so, wie ich bin.
Ist hier dann noch von Gott die Rede, wenn ich in den Worten das Bild der Beziehung herausarbeite? Ja, das ist es. Gott ist Teil einer Beziehung, so verborgen und unbekannt die Gottheit sein mag. Dies bekräftigt auch der letzte Vers Jahreslosung 2014: "Gott nahe zu sein ist mein Glück."
Nähe, Glück, Beziehung – das sind Quellen der Kraft.
Nehmen wir doch einfach uns mal den Mut heraus und sprechen an der Stelle des Wortes Gott den Namen eines lieben Menschen.
Was ist der Hauptirrtum, von dem der Psalmbeter spricht? Er richtet seine Aufmerksamkeit auf die vermeintlichen Gegner und beneidet sie. Erst nachdem er sich zu sehr darauf eingestellt hat, merkte er, dass dadurch alles leidet und nichts gewonnen wird. Die Gefühle von Neid, Konkurrenz und Hass sind das Gegenteil von Quellen der Kraft, sind Ursachen von Kraftlosigkeit. Auch der nächste Versuch, der Anfechtung zu widerstehen und das Herz rein zu halten, bringt nichts, weil diese Betulichkeit letztlich dazu führt, im Prinzip der Konkurrenz gefangen zu bleiben.
Erst danach passierte der Umschwung, geschieht die neue Einsicht in die Kraft der Beziehung. "Bis ich eintrat ins Heiligtum Gottes." Nun wird die Verbitterung offengelegt. Der verborgene Schmerz wird nun bewusst gemacht. Die Konzentration auf die Konkurrenz der Gegner raubt den Menschen alle Kraft.
Das Heiligtum ist ein Haus der Nähe. Hier wird ausschließlich Nähe empfunden, Nähe Gottes und der Menschen. Allein die Nähe, die Beziehung und die Kraft aus Gott werden die betende Person und ihr Denken und Fühlen gleichermaßen bestimmen.
Die Nähe zu Gott bleibt auch dann vorhanden, wenn sie nicht bewusst erlebt wird. Sie ist unter der Oberfläche präsent. Gott muss nicht herbei gebetet werden,

sondern ist als Grund des Lebens ohnehin immer da. Die Nähe Gottes und die Nähe von Menschen, das ist kein Widerspruch. Gott ist uns immer in den Menschen nah. Aber Gott ist mehr, als der Grund des Lebens. Gott ist die Quelle der Kraft, die uns zuletzt niemand anders geben kann und die durch die Begegnung mit allen anderen hindurchfließt.
So ist die Jahreslosung 2014 ein guter Leitgedanke: "Gott nahe zu sein ist mein Glück."

Andacht sieben, Psalm 37, Der eigene Weg in Gottes Hand

(Diese Klinikandacht halte ich auch als Predigt am Sonntag Kantate.)
Zuerst lese ich das Gedicht aus dem Buch "Psalmengedichte", um zu zeigen, dass der Psalm vier Teile hat. Die vier Verse des Gedichts sind wie kurze Zusammenfassungen:

Befreiungskampf. Nach Psalm 37. (vom Autor)

Du, Gott, vergänglich sind die Bösen;
Ich aber bleib gerecht und treu.
Das Licht deckt auf die Skandalösen.
Und Wind verweht sie dann wie Heu.

Du, Gott, kann dir sich widersetzen
Wer weiß, dass abgerechnet wird?
Warum den Armen so verletzen
Und Menschen töten unbeirrt?

Du, Gott, du unterstützt die Armen,
Und die Getreuen machst du stark.
Du sorgst mit täglichem Erbarmen
Für ein gesundes Knochenmark.

Du, Gott, gibst mir ein langes Leben.
Nie Hunger hat die Kinderschar.
Lass auch die Zukunft Heimat geben
Und Wohnung hier und immerdar.

(Aus: Psalmengedichte. Christoph Fleischer, Neubearbeitung, Werl 2011
http://www.der-schwache-glaube.de/?p=1008)

Der Psalm wird in der nun folgenden Andacht nicht in einem Stück gelesen und kommentiert, sondern in den vier Teilen.

Psalm 37 (Gute Nachricht Bibel)
Verse 1 – 10:
Von David. Reg dich nicht auf über Menschen, die Gottes Gebote missachten!
Und wenn es den Unheilstiftern gut geht, beneide sie nicht!
Denn wie das Gras verdorren sie bald, sie welken und gehen ein wie grünes Kraut.
Verlass dich auf den HERRN und tu, was recht ist;
dann bleibst du im Land und wohnst in Sicherheit.
Suche dein Glück beim HERRN: Er wird dir jeden Wunsch erfüllen.

Überlass dem HERRN die Führung in deinem Leben;
vertrau doch auf ihn, er macht es richtig!
Deine guten Taten macht er sichtbar wie das Licht des Tages,
und deine Treue lässt er strahlen wie die Mittagssonne.
Werde ruhig vor dem HERRN und warte gelassen auf sein Tun!
Wenn Menschen, die Böses im Schilde führen, auch noch ständig Erfolg haben,
reg dich nicht auf! Lass dich nicht hinreißen zu Wut und Zorn,
ereifere dich nicht, wenn andere Böses tun; sonst tust du am Ende selber Unrecht!
Menschen, die sich Gott widersetzen, rottet er aus;
doch alle, die auf ihn hoffen, werden das Land besitzen.
Nicht lange mehr, dann sind die Bösen fort,
du wirst von ihnen keine Spur mehr finden.
Die Existenz der Bösen, die dem Beter Schwierigkeiten bereitet, soll ihn nicht dazu verführen, Gewalt anzuwenden. Auch wenn hier eine Einteilung in Gute und Böse vorzuliegen scheint, besteht doch die Strategie darin, nicht selbst zum Bösen zu werden. Ich persönlich deute diese Ausdrucksweise nicht moralisch, sondern ökonomisch. Ich vermute, dass der Psalm aus der Perspektive von Armen ausgedrückt ist.

Verse 12 – 20:
Den Armen aber wird das Land gehören und nichts wird fehlen an ihrem Glück.
Wer Gott missachtet, schmiedet Pläne, zähneknirschend
und voller Hass, um denen zu schaden, die Gott gehorchen.
Der Herr aber lacht über seine Feinde, er weiß:
Der Tag der Abrechnung kommt.
Die Bösen haben das Schwert gezogen, den Bogen haben sie schon gespannt.
Sie wollen die Armen und Wehrlosen töten, alle, die ein ehrliches Leben führen.
Doch das Schwert dringt ihnen ins eigene Herz und ihre Bogen werden zerbrochen.
Arm sein, aber mit Gott leben ist besser als aller Reichtum der vielen, die gegen Gott leben;
denn der Herr zerbricht die Macht seiner Gegner, doch seine Getreuen macht er stark.
Der HERR sorgt täglich für die, die sich in allem nach ihm richten.
Was er ihnen geben will, bleibt für immer ihr Besitz.
In Unglückstagen enttäuscht er sie nicht, in Zeiten der Hungersnot macht er sie satt.
Doch seine Feinde kommen um, die Bösen verschwinden wie die Pracht der Wiesen, sie gehen in Rauch auf und verwehen.
Das hier mit Gewalt auch Unterdrückung gemeint ist, zeigt der zweite Teil, der auch von Armen und Reichen handelt. Letztlich kann man hier aber jede Art von Bedrohung hineinlesen, Feindschaft im Inneren und Äußeren. Auch mit Reichtum können auch unmoralische Handlungen verbunden sein wie Enteignung oder gewaltsames Eintreiben von Schulden. Siehe Nabots Weinberg. Wer damals nicht

bezahlen konnte, kam ins Gefängnis und konnte sich nur freikaufen, wenn er bereit war in die Sklaverei zu gehen.
Der Beter bezeichnet sich selbst als fromm, was keine Auszeichnung ist, sondern bedeutet, den Weg Gottes zu verfolgen. Dazu gehört das Vertrauen auf Gott: "Befiehl dem Herrn deine Wege und hoffe auf ihn, er wird's wohl machen!" Dem Frommen wird das Land verheißen, was faktisch bedeutet, dass er auch ökonomisch Erfolg haben wird, wenn auch erst mit der Zeit und nicht mit Gewalt. Hieraus kann man erkennen, dass Frömmigkeit keine rein geistige Sache ist, sondern das ganze Leben betrifft und sich zuletzt sogar auf den beruflichen und wirtschaftlichen Erfolg auswirkt. Eine ähnliche Theologie wurde später auch von Johannes Calvin aus Genf verfolgt.

Verse 21 – 29:
Wer Gott missachtet, muss ständig borgen, und zurückzahlen kann er nicht.
Doch wer Gott gehorcht, kann freigebig helfen.
Menschen, die Gott segnet, besitzen das Land;
doch wer unter seinem Fluch steht, kommt um.
Der HERR hat Freude an einem redlichen Menschen und lenkt alle seine Schritte.
Er mag fallen, aber er stürzt nicht zu Boden;
denn der HERR hält ihn fest an der Hand.
Ich habe ein langes Leben hinter mir;
nie sah ich Menschen von Gott verlassen, die ihm die Treue halten,
und nie ihre Kinder auf der Suche nach Brot.
Alle Tage können sie freigebig leihen und an ihren Kindern zeigt sich Gottes Segen.
Kehr dich vom Bösen ab und tu das Gute; dann ist dir dein Wohnplatz für immer sicher.
Denn der HERR liebt das Recht und verlässt die Seinen nicht, die ihm treu bleiben;
für alle Zeiten beschützt er sie.
Aber die Nachkommen der Feinde Gottes kommen um.
Den Gehorsamen wird das Land gehören, sie dürfen für immer darin wohnen.
Es ist schon richtig, dass hier die Guten und die Bösen gegeneinandergestellt werden. Doch wir sollten es nicht als Aufhetzen sehen, sondern als Einübung in Gelassenheit. Neid ist eben kein guter Ratgeber. Die Menschen, die sich zu Gott halten sind immer dann gut aufgehoben, wenn sie Gott in allem vertrauen. Der Unterschied zwischen Wohlstand und Armut entscheidet nicht über den Sinn des Lebens. Wer sagt denn, dass Reiche mehr vom Leben haben als Arme. Interessant ist das Argument des Todes. Die Reichen und die Nachkommen der Feinde Gottes kommen um. Doch was damit genau gemeint ist, aber das Bild meint, dass sie in Rauch aufgehen werden, sich in Luft auflösen werden. Es meint wahrscheinlich so etwas wie das deutsche Sprichwort: Unrecht Gut gedeihet nicht. Für die Frevler ist der Tod das endgültige Ende, da niemand von ihnen sprechen wird.

Verse 30 – 40
Ein Mensch, der sich nach Gott richtet, spricht Worte der Weisheit
und sagt, was recht ist vor dem HERRN.
Das Gesetz seines Gottes trägt er im Herzen; darum weicht er nicht vom richtigen Weg.
Wer Gott missachtet, lauert darauf, die umzubringen, die Gott gehorchen.
Doch der HERR lässt nicht zu, dass sie in Mörderhände fallen oder dass man sie gegen das Recht verurteilt.
Hoffe auf den HERRN und befolge seine Gebote;
dann ehrt er dich und schenkt dir das Land, und du wirst sehen, wie er seine Feinde vernichtet.
Ich sah einen Bösen, der seine Macht missbrauchte;
er wurde immer größer, wie ein Baum auf fettem Boden.
Aber als ich noch einmal vorüberging, da war nichts mehr von ihm zu sehen.
Ich suchte ihn, doch ich fand keine Spur.
Achte auf unsträfliche, ehrliche Menschen und du wirst sehen:
Wer den Frieden liebt, dessen Nachkommen bleiben.
Doch die Unheilstifter werden alle vernichtet und ihre Nachkommen werden ausgerottet.
Der HERR hilft denen, die zu ihm halten.
Wenn Gefahr droht, finden sie bei ihm Zuflucht.
Er rettet sie und steht ihnen bei.
Vor den Bösen wird er sie retten und ihnen helfen, denn bei ihm suchen sie Schutz.
Hier wird nicht einmal gezeigt, dass es auch echte Bedrohungen sein können. Die Gerechten und Frommen suchen und finden Schutz bei Gott. Die Zukunft der Gerechten liegt im Frieden, die Zukunft der Frevler liegt darin, dass sie die Folgen ihres Unrechts zu spüren bekommen. Gottes Schutz ist auch hier mehr als geistig, sondern im Leben praktisch spürbar. Die Einstellung des Glaubens bewirkt diesen Schutz, weil Vertrauen der bessere Ratgeber ist. Die Argumente des Psalms führen immer wieder in das praktische Leben.

Eines der bekanntesten Motive dieses Psalms ist der Weg. Dadurch wird deutlich, dass der Blick auf die anderen im Neid oder gar in Feindschaft dem eigenen Weg nicht zuträglich ist. Hierbei kommt es im Gegenteil darauf an, die eigenen Schritte mit Gott zu gehen. Der Weg ist eine alltägliche Erfahrung, weil täglich Wege zurückgelegt werden müssen.

Verse des Psalms, in denen das Wort Weg vorkommt oder mitgemeint ist, sind:
Vers 5: *Befiehl dem Herrn deinen Weg, und vertraue auf ihn, so wird er es vollbringen.*
Vers 7: *Erzürne dich nicht über den, dessen Weg gelingt, über den Mann der Arglist übt.*
Vers 23: *Vom Herrn werden die Schritte des Mannes bestätigt, wenn ihm sein Weg gefällt.*
Vers 31: *Das Gesetz seines Gottes ist in seinem Herzen, und seine Schritte wanken nicht.*

Vers 34: *Harre auf den Herrn und bewahre seinen Weg, so wird er dich erhöhen, dass du das Land erbst.*
Interessanterweise wird das Verhalten, das hier mit dem Weg Gottes gleichgesetzt wird nicht extra begründet. Der Beter geht auf dem Weg des Gesetzes oder man kann sagen: Mit Gott rechnen, Gott vertrauen und die Prinzipien der Religion achten. Die Gegner sollten aber nicht zwangsläufig als Gegner der Religion bezeichnet werden, sondern es werden verschiedene Verhaltensweisen genannt, Gewalt, Unterdrückung, Mord, Diebstahl und Betrug.
Paul Gerhardt geht nun weniger auf solchen Frevel ein, sondern einfach auf die Grundeinstellung des Gottvertrauens. Dafür wird etwas mehr über Gott gesagt, für Paul Gerhard in erster Linie der Schöpfer, im Psalm dagegen eher der Beschützer Israels.
"Der Wolken Luft und Winden gibt Wege Lauf und Bahn, der wird auch Wege finden..."
"Weg hast du allerwegen, an Mitteln fehlt dir's nicht, dein Tun ist lauter Segen, dein Gang ist lauter Licht..." (Quelle: Evangelisches Gesangbuch, Lied 361)
Manches klingt im Psalm eher moralisch oder an der Frage nach Zugehörigkeit orientiert. Bei Paul Gerhardt ist das Verhalten nicht so wichtig, sondern es geht eher um die Lebenseinstellung. "Befiehl du deine Wege" meint das Gottvertrauen in allen Lebenssituationen. Wir sollten beides im Glauben sehen, einmal eine Art Befreiungskampf und zum anderen das Vertrauen auf den lebendigen Gott.
Zum Ausklang zitiere ich ein paar Sprüche aus der irischen Weisheitsliteratur
7. Februar: Segne mich, o Herr, und die Erde unter meinen Füßen. Segne mich, o Herr, und den Weg, auf dem ich gehe. Segne mich, o Herr, und die Sache, für die ich unterwegs bin. Du von Ewigkeit zu Ewigkeit, segne mich auch bei meiner Rast.
12. Februar: Möge der Himmel der Sonne immer ein Schlupfloch für ihre wärmenden Strahlen offen halten, die dich begleiten mögen auf deinem Weg.
23. Februar: Nicht immer soll dein Weg eben sein, ohne Hindernisse und Schwierigkeiten, und ohne Regen und Stürme. Gerade diese sind für dich bestimmt, deinen Weg nachdenklicher zu gehen, deine Nächsten und auch die Fremden nicht zu vergessen.
7. März: Gott segne dich, er gehe dir voran und weise dir den richtigen Weg. Gott sei in deiner Nähe und lege seinen Arm sanft um dich. Gott sei hinter dir, schütze dich vor allem Bösen. Gott sei unter dir, dich aufzufangen wie ein Netz.
5. April: Der Wind stärke dir den Rücken. Die Sonne erwärme dein Gesicht. Der Regen schenke dir frische. Das Land soll dir Heimat sein. Möge deine Wege zu friedlichen Orten führen.
(Möge das Leben gut zu dir sein, Irische Segenswünsche für jeden Tag, benno Verlag Leipzig)

Die irischen Segensworte verbinden die Betonung des Gottvertrauens mit den praktischen Erfahrungen des Lebensweges. So wird das Gottvertrauen zum Leitgedanken, ohne dass wir den Eindruck hätten, damit uns völlig einem ungewissen Schicksal zu überlassen. Auch wenn der Weg von Gott geleitet, behütet und gesegnet ist, muss und wird er doch von uns selbst gegangen werden. Amen.

Andacht acht, Psalm 31- Gelassenheit

Psalm 31 (Gute Nachricht Bibel)
1Ein Lied Davids.
2HERR, bei dir suche ich Zuflucht; lass mich nie enttäuscht werden!
Rette mich, wie du es versprochen hast!
3Hör mich doch, hilf mir schnell! Sei mir ein rettender Fels,
eine schützende Burg, dann bin ich in Sicherheit.
4Du gibst mir Halt, du bietest mir Schutz.
Geh mit mir und führe mich, denn du bist mein Gott!

Du, Gott, bist wie ein sichrer Felsen,
Der vor Verfolgern bietet Schutz.
Ein Panzer bist du unsern Hälsen.
Du bist für uns wie Burg und Trutz.
(Aus: Psalmengedichte. Christoph Fleischer, Neubearbeitung, Werl 2011
http://www.der-schwache-glaube.de/?p=1008)

Luther hat das Ich der Psalmen mit Christus identifiziert. Der lebendige Gott ist sein und unser Vater. Ist Schutz, Halt, Sicherheit. Gott gibt Halt, geht mit auf dem Weg und führt Christus und uns.
Doch wozu, das hat sich geändert.
David, Christus und alle, die diesen Psalm beten,
lernen mit diesen Worten, auf das Unverfügbare, auf Gott zu vertrauen.
Worin gründet das Vertrauen in das Unverfügbare, in den Grund des Lebens?
Die Liebe, die dem Leben seinem Stempel gibt,
hilft uns in die Gegenwart des Schöpfers hinein Ja zu sagen.
Die wirkliche Grundlage des Lebens ist der Glaube, nicht die Wissenschaft.
Es geht auch nicht um Geld oder um Technik.
Sondern um Gott, den der das Lebendige ins Leben ruft,
der Leben ist und der das Leben will.
Kurz gesagt: Das Leben kann man nicht kaufen; Leben ist Geschenk.

5Bewahre mich vor der Falle, die man mir heimlich gestellt hat;
du bist doch mein Beschützer!
6Ich gebe mich ganz in deine Hand, du wirst mich retten, HERR, du treuer Gott!
7Ich verabscheue alle, die sich an die Götzen klammern;
ich selber, HERR, verlasse mich nur auf dich!
8Ich bin glücklich, dass du so gut zu mir bist.
Du hast meine Not gesehen und erkannt, wie verzweifelt ich war.
9Den Feinden hast du mich nicht ausgeliefert,
sondern mir Raum zum Leben verschafft.

Du, Gott, wirst uns aus Fallen ziehen,

Stellst unsren Schritt auf weiten Raum,
Wenn wir zu deinem Namen fliehen.
Du bist kein falscher Göttertraum.
(Aus: Psalmengedichte. Christoph Fleischer, Neubearbeitung, Werl 2011
http://www.der-schwache-glaube.de/?p=1008)

David kannte es, Christus auch, und so werden auch wir es mit Angst zu tun haben. Dabei ist es nicht wichtig, womit die Angst erzeugt wird, sondern wie wir sie loswerden können. Dafür ist es wichtig, sich auch wehrlos sicher zu fühlen. Sich nicht den Dingen, die Angst machen, ausgeliefert zu fühlen und zu spüren, dass es immer noch dann auch Wege gibt, wenn man selbst keine mehr sieht. Sicherlich kann man den Psalm auch im Sinn von Gewalt interpretieren, doch im Sinn von Christus geh es hier um gewaltfreien Widerstand gegen die Mächte, die uns Angst machen.

10Hab Erbarmen, HERR,
ich weiß nicht mehr weiter!
Meine Augen sind müde vom Weinen,
ich bin völlig am Ende.
11Die Sorgen verkürzen mein Leben,
der Kummer frisst meine Jahre.
Die Verzweiflung raubt mir die Kraft,
meine Glieder versagen den Dienst.

Du, Gott, hast meine Not gesehen
Und dass ich fast am Ende bin.
Kein Kummer will zur Zeit vergehen.
Verzweiflung nimmt mir jeden Sinn.
(Aus: Psalmengedichte. Christoph Fleischer, Neubearbeitung, Werl 2011
http://www.der-schwache-glaube.de/?p=1008)

Ehrlich zur seinen eigenen Schwächen zu stehen, das ist keine Schande für David. Für Christus und für uns. Der Gekreuzigte ist allerdings kein lachender Sieger. Sorgen, Kummer und Verzweiflung hat der Glaube nicht wegzudiskutieren. Nur in der Schwäche liegt die Stärke. Die Hoffnung, dass sich auch wieder neues Leben einstellt, liegt vermutlich darin schon begründet. Es wird wohl auch ein Ende dieser Schwäche geben, ohne dass sie so schwach ist, sich der Gewalt zu bedienen.

12Zur Spottfigur bin ich geworden für meine Feinde,
zum Hohngelächter für meine Nachbarn,
zum Schreckgespenst für meine Freunde.
Alle, die mich auf der Straße sehen, laufen vor mir davon.
13Vergessen hat man mich wie einen, der schon lange tot ist,

wie weggeworfenes, zerbrochenes Geschirr.
14Ich höre, wie sie über mich tuscheln;
von allen Seiten bin ich bedroht.
Sie stecken ihre Köpfe zusammen und überlegen, wie sie mich zur Strecke bringen.
15Doch ich verlasse mich auf dich!
Du, HERR, du bist und bleibst mein Gott!
16Was aus mir wird, liegt in deiner Hand.
Rette mich vor meinen Feinden, die mich verfolgen!
17HERR, sieh mich freundlich an, denn ich gehöre dir.
Hilf mir in deiner Güte!
18Zu dir, HERR, rufe ich, enttäusche mich nicht!
Doch diese Verbrecher sollen sich täuschen:
19Schick sie hinunter in die Totenwelt, damit sie für immer verstummen!
Bring sie zum Schweigen, diese eingebildeten Lügner,
die den Schuldlosen frech verleumden!

Du, Gott, wenn andre mich verlachen,
Und was mir lieb und teuer ist,
Vergisst du dann auch meine Sachen?
Bist du bei mir in diesem Mist?

Der erste Teil beschreibt die Schwachheit noch einmal in verbaler Hinsicht. Es geht um Mobbing oder um die Verfolgung, die verbale Aggression oder um Propaganda. Darin sehe ich keine Hetzkampagne gegen die Ungläubigen, aber eine Hoffnung auf Überwindung der Schwäche. Wo ist Gott, warum verhindert er dies alles nicht, wenn er doch Schutz und Schild ist? Der Glaube ist kein Panzer gegen die Verletzungen. Mit den Narben wird David, wird Christus und werden wir leben müssen. Jetzt meldet sich die Aggression, der Wunsch, Gott möge all die zum Schweigen bringen. Doch hat soll Gott jetzt doch Gewalt rechtfertigen? Im Sinn Christi wäre es nicht. Der lebendige Gott muss sich nicht der schwachen Lösung bedienen. Ehrlich gesagt, wird es eine Illusion, zu glauben, dass Aggression verschwindet.

20Wie groß ist deine Güte, HERR!
Du wendest sie denen zu, die dir gehorchen.
Vor aller Augen zeigt sich diese Güte an denen, die bei dir Zuflucht suchen.
21In deiner Nähe sind sie geborgen, vor allen Ränken sicher unter deinem Dach.
Du nimmst sie in Schutz vor ihren Verklägern.
22Dank sei dir, HERR!
Du hast mir deine Güte erwiesen;
ein Wunder hast du an mir getan, als meine Feinde mich ringsum bedrängten.
23Ich dachte schon in meiner Angst, ich wäre aus deiner Nähe verbannt.
Doch du hast mich gehört, als ich um Hilfe schrie.

24Liebt den Herrn, ihr, die ihr ihm gehört;
denn er schützt alle, die ihm die Treue halten.
Doch wer sich über ihn erhebt, bekommt seinen Zorn zu spüren.
25Ihr, die ihr auf den HERRN vertraut, seid stark, fasst Mut!

Du, Gott, verbirgst nicht deine Güte.
Du wendest dich mir wieder zu
Mit unerforschlichem Gemüte.
Vertraut auf Gott, jetzt immerzu!
(Aus: Psalmengedichte. Christoph Fleischer, Neubearbeitung, Werl 2011
http://www.der-schwache-glaube.de/?p=1008)

Ich sehe die Lösung eher darin, dass sich alles wieder zum Guten wendet. Gott ist eher Zuflucht und Geborgenheit, als der General, der die Heere des Guten befehligt. Kein Herr der Ringe, sondern die Macht des Lebendigen. Die Gottesferne ist kein Grund an Gott zu verzweifeln. Gottes Hilfe ist Nähe oder Distanz. Doch das Ergebnis liegt nie außerhalb unserer selbst. Wir spüren neuen Boden unter den Füßen. Wir fühlen uns wieder sicher. Wir können uns am Leben noch einmal erfreuen. Gott, unser Vater: meine Zeit steht in deinen Händen.

Andacht neun, Psalm 105, Dankbarkeit

Psalm 105 (Gute Nachricht Bibel)
1Dankt dem HERRN!
Macht seinen Namen überall bekannt;
verkündet allen Völkern, was er getan hat!
2Singt und spielt zu seiner Ehre,
ruft euch seine Wunder ins Gedächtnis!
3Seid stolz auf ihn, den heiligen Gott!
Seid voller Freude über ihn, ihr, die ihr nach ihm fragt!
4Geht zum HERRN, denn er ist mächtig;
sucht seine Nähe zu aller Zeit!
5Erinnert euch an seine machtvollen Taten,
an seine Wunder und Gerichtsurteile,
6ihr Nachfahren seines Dieners Abraham,
ihr Nachkommen Jakobs, ihr seine Erwählten!
7Er ist unser Gott, er, der HERR,
seine Herrschaft umschließt die ganze Welt.
8Niemals vergisst er seinen Bund mit uns,
sein Versprechen gilt tausend Generationen.
9So hat er es Abraham zugesagt
und es Isaak mit einem Schwur bestätigt.
10So hat er es Jakob fest versprochen,
als ewigen Bund mit Israel.
11Er hat gesagt: »Ich gebe euch ganz Kanaan,
ich teile es euch zu als Erbbesitz.«
12Sie waren damals leicht zu zählen,
nur eine Hand voll Leute waren sie,
eingewanderte Fremde im Land.
13Sie zogen von einem Volk zum andern,
auf Wanderschaft in vieler Herren Länder.

Der Psalm geht noch weiter und wendet sich den Grundaussagen der Bücher Mose zu, untermauert dies mit den Schilderungen der Wüstenwanderung und der Landnahme. Doch das sind historische Ereignisse. Ich frage mich, wie man den Anfang dieses Psalms auf unser eigenes Leben übertragen kann.
Ich sehe hier vier Aspekte:

Aufforderung zur Dankbarkeit und zur Freude über Gott, Verse 1 – 3.
Zuerst geht es um das Gotteslob allgemein. Danken und Loben gehen zusammen. Wer dankt, bezieht sein Leben auf Gott. Dazu gehört die Aufforderung, Gottes Taten bekannt zu machen. Ich schlage vor, dass wir den geschichtlichen Bereich einmal ausblenden, und die Erinnerung ganz persönlich verstehen. Was sind die Spuren Gottes in meinem Leben?

Dank und Erinnerung wird in den Worten des Psalms in Musik umgesetzt. "Singt und spielt zu seiner Ehre!". Es sind also schon immer Lieder über Gott gesungen worden. So stellten die Gläubigen damals und heute Einstimmung her. Doch ich mir auch jede andere Form der Kunst vorstellen, die zum Lob Gottes erschaffen, dargebracht wird. Ich würde sogar so weit gehen, jede Betätigung, die der eigenen Entspannung, Sinnfindung, Zuwendung zu Gott als dem sinnstiftenden Wesen ausgeübt wird, dem musikalischen Lob, das ihm zu Ehren erklingt, gleichzusetzen. Gottes Spuren begegnen uns auch überall, wenn wir sie sehen wollen.
Der Name Gottes wird hier gelobt. Gottes Name, der früher ein Eigenname war, wird später als Gottes Präsenz, als die Bezeichnung seines Wirkens angesehen. Was ist Gottes Bedeutung, so müsste man fragen? Und: “Alle, die den Herrn suchen" – was waren, was sind das für Menschen, die Gott suchen, was sind Gottsucher heute? Auch das erlaube ich mir zu verallgemeinern. Gott will sich also finden lassen. Im Gegensatz zur Suche Gottes sind mir die Bekenntnisse entweder zu schwer oder zu leicht ausgesprochen. Gott suchen muss wohl heißen, nach den Wegen und der Gegenwart Gottes zu suchen und das Leben von Gott her zu deuten. In der Bibel gibt es dabei eine Tendenz: Stunden der Trauer wurden als Gottesferne gedeutet und Stunden der Freude als Gottes Nähe. Diese Deutung hat sich als zu schlicht herausgestellt und wurde im Neuen Testament ergänzt und verändert. So gilt seit Golgotha in besonders deutlicher Weise, davor aber auch schon dieses: „Meine Kraft ist in den Schwachen mächtig.“ Demnach müsste die Präsenzerfahrung Gottes auch auf die dunklen Stunden des Lebens erweitert und umgedeutet werden. Man könnte ja auch fragen, inwiefern schwierige Zeiten zu wichtigen Erfahrungen des Lebens geworden sind, die man in seinem/ihrem Leben nicht missen möchte.

Aufforderung die Nähe Gottes zu suchen und sein Wirken zu erinnern, Verse 4 – 6.
Das Suchen wird hier als Fragen nach Gottes Macht bezeichnet. Hier wird deutlich, dass dies in Konkurrenz mit anderen Machtansprüchen steht. Für mich bedeutet Gott der Grund des Lebens und die Frage nach Gott, die Frage nach dem Wert und Sinn des Lebens. Wird also das Leben wertgeschätzt oder anderen Zielen untergeordnet? Gottes Wirken wird hier geschichtlich ausgedrückt: Wunder, Zeichen und Beschlüsse Gottes. Allgemein gesagt heißt das, dass Gotteserfahrung mit Lebenserfahrung verknüpft wird. Ein Wunder ist kein Aussetzen der Naturgewalt, sondern die Erfahrung von Rettung und Erneuerung, Bewahrung oder Heilung. Der Begriff Wunder drückt Erstaunen aus, über das, was gut gelungen ist oder überraschenderweise gut gegangen ist.

Gottes Wirken ist universell und zeitlos, Verse 7+8.
Vers 7 ist ein Bekenntnis: "Er ist unser Gott, er, der HERR, seine Herrschaft umschließt die ganze Welt." Hier wird übrigens der Begriff Allmacht erläutert,

wie ihn die Bibel versteht. Der Allmächtige ist kein Gewaltherrscher oder ein immer währender Krieger, sondern er ist durch eine All-Präsenz bestimmt, seine Allgegenwart. Gottes Gegenwart in seinem Wort kann man nirgendwo ausweichen. Sein Anspruch gilt überall, er lässt aber den Menschen die Freiheit, diesem Anspruch zu folgen. Die Gegenwart Gottes wird im Alten Testament mit einem Bund, einer Beziehung gleichgesetzt. Wo sich Menschen heute wie das Volk Israel damals zu dem Bund bekennen, ist er bei ihnen und lässt sich ansprechen. Erstaunlicherweise ist der Gott Israels von je her unsichtbar und daher ohne Wohnort. Es gibt zwar Tempel, aber im Prinzip ist Gott überall zu verehren, da er ja überall gegenwärtig ist. Die Wanderung in der Wüste der Hebräer ist ein bleibendes Beispiel für die Begleitung des Volkes durch Gott.
Wie aus der Fremde aus der eine Heimat wurde, Verse 9 – 13.
Der ganze Rest des Psalms ist die Nacherzählung der Urgeschichte Israels, wie sie aus den Büchern Mose bekannt ist. Ich zitiere lediglich den Anfang, der am Beispiel Abrahams die Bundesvorstellung darstellt. Das heißt konkret für uns: Beispiele der Erinnerung zu erzählen über Erfahrungen, davon wie man aus der Fremde kommend heimisch wurde. Was heißt dabei, mit Gott im Bund zu sein? Der Bund scheint zunächst ganz von Gott auszugehen, da er Abraham das Land verheißen hat, in dem die Israeliten später heimisch geworden sind. Interessanterweise ist hier nicht davon die Rede, dass die Kanaaniter vertrieben werden, sondern nur, dass in diesem Land Kanaan die neue Heimat Israels geworden ist. Die Hebräer, die vorher nomadisch und umherziehend gelebt haben, sind froh in diesem Land genügend Lebensmöglichkeiten gefunden zu haben. Es entspricht tatsächlich den geschichtlichen Gegebenheiten, dass die Israeliten die Städte nicht besetzt haben. Sie haben nur dann Krieg gegen sie geführt, wenn ihre Dörfer nicht geduldet wurden. In einem anderen Psalm heißt es: "Ich bin ein Fremdling, wie alle meine Väter." (Psalm 39) Die Landverheißung hat nichts Nationalistisches, sondern es geht darum, hier sein zu dürfen, mit der Herstellung von Lebensmöglichkeiten. Wie kann man das auf unser Leben beziehen? Ich singe in einem Lied: "Danke für meine Arbeitsstelle..." und muss dabei immer ein wenig schmunzeln. Aber im Prinzip ist es doch wichtig, dass wir eine Arbeitsstelle haben, von der wir leben können. Dass man dafür auch selbst was tun muss, das würden wir doch ohne Umschweife eingestehen. Gottes Bund ist also kein Selbstbedienungsladen, in dem es alles umsonst gibt. Gottes Bund kann also durchaus in Verbindung mit dem persönlichen Leben gesehen werden. Gott zu loben heißt dankbar zu sein, und Dankbarkeit heißt nicht, die Hände in den Schoß zu legen. Dass ich hierbei nicht nur vom Erwerbsleben rede, sondern auch von allem, was mit Familie und Wohnung zusammenhängt, dürfte klar sein. Im Bund mit Gott zu sein, kann also ganz praktisch und lebensnah aufgefasst werden. Und Religion ist eine Ausgestaltung dieser Dankbarkeit. Ich finde auch, dass Schwierigkeiten und Verlusterfahrungen dazu gar kein Gegensatz sind. Sie machen uns nämlich deutlich, dass es auch darauf ankommt, sich das Geschenk des Lebens ins Bewusstsein zu rufen und bewusst zu leben.

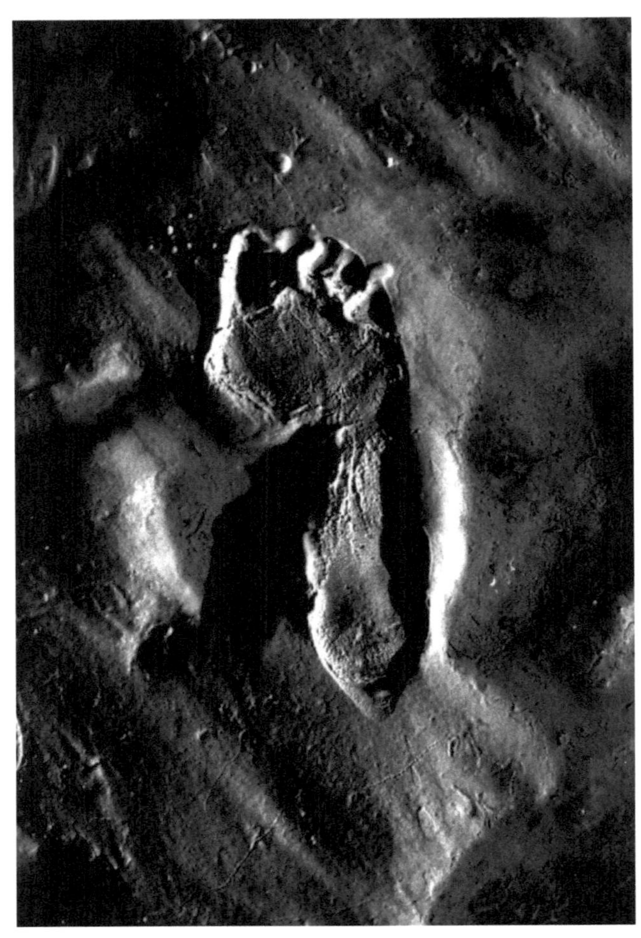

Andacht zehn, Psalm 145, Erinnerung

Psalm 145 (Einheitsübersetzung)
1 Ein Loblied Davids.
Ich will dich rühmen, mein Gott und König, /
und deinen Namen preisen immer und ewig;
2ich will dich preisen Tag für Tag /
und deinen Namen loben immer und ewig.
3Groß ist der Herr und hoch zu loben, /
seine Größe ist unerforschlich.
4Ein Geschlecht verkünde dem andern den Ruhm deiner Werke /
und erzähle von deinen gewaltigen Taten.
5Sie sollen vom herrlichen Glanz deiner Hoheit reden; /
ich will deine Wunder besingen.
6Sie sollen sprechen von der Gewalt deiner erschreckenden Taten; /
ich will von deinen großen Taten berichten.
7Sie sollen die Erinnerung an deine große Güte wecken /
und über deine Gerechtigkeit jubeln.
8Der Herr ist gnädig und barmherzig, /
langmütig und reich an Gnade.
9Der Herr ist gütig zu allen, /
sein Erbarmen waltet über all seinen Werken.
10Danken sollen dir, Herr, all deine Werke /
und deine Frommen dich preisen.
11Sie sollen von der Herrlichkeit deines Königtums reden, /
sollen sprechen von deiner Macht,
12den Menschen deine machtvollen Taten verkünden /
und den herrlichen Glanz deines Königtums.
13Dein Königtum ist ein Königtum für ewige Zeiten, /
deine Herrschaft währt von Geschlecht zu Geschlecht.
[Der Herr ist treu in all seinen Worten, / voll Huld in all seinen Taten] (Nur LXX)
14Der Herr stützt alle, die fallen, /
und richtet alle Gebeugten auf.
15Aller Augen warten auf dich /
und du gibst ihnen Speise zur rechten Zeit.
16Du öffnest deine Hand /
und sättigst alles, was lebt, nach deinem Gefallen.
17Gerecht ist der Herr in allem, was er tut, /
voll Huld in all seinen Werken.
18Der Herr ist allen, die ihn anrufen, nahe, /
allen, die zu ihm aufrichtig rufen.
19Die Wünsche derer, die ihn fürchten, erfüllt er, /
er hört ihr Schreien und rettet sie.
20Alle, die ihn lieben, behütet der Herr, /

doch alle Frevler vernichtet er.
21Mein Mund verkünde das Lob des Herrn. /
Alles, was lebt, preise seinen heiligen Namen immer und ewig!

Dieser Psalm hat eine besondere Form, er ist ein Akrostichon. Ein Akrostichon ist ein Gedicht, dessen Verse jeweils mit einem solchen Buchstaben anfangen, so dass die Abfolge dieser Buchstabe oder Worte in der Reihenfolge der Verse einen Sinn ergeben.

Ein Beispiel, das ich im Internet gefunden habe und mit Genehmigung der Autorin zitiere:
Friedlich, Marlies Blauth
Falle in meinen Schlaf
rede nicht mehr
ins Leben hinein
entledige mich
des Gedankenkriegs
eines Tages
(Gedicht von Marlies Blauth: http://kunst-marlies-blauth.blogspot.de/2013/03/gedicht-friedlich.html)

Die Anfangsbuchstaben ergeben hier das Wort: Friede.
Ein bekanntes Beispiel für ein Akrostichon mit Worten ist das Lied "Befiehl du deine Wege" von Paul Gerhardt (eg 361). Die ersten Worte hintereinander gelesen ergeben einen Psalm Vers: „Befiehl dem Herrn deine Wege, er wird's wohl machen.“ (Psalm 37,5)
Im Psalm 145 sind es die Buchstaben des hebräischen Alphabets. Das kann man in der Übersetzung natürlich so nicht darstellen. Aber ich hebe mich gefragt, was es denn für Worte sind, mit denen die einzelnen Verse anfangen. Daher habe ich mal diese ersten Worte in der deutschen Übersetzung bewusst herausgesucht, denn was im Hebräischen am Anfang steht, ist im Deutschen oft gerade nicht am Anfang. Ich habe einen Satz dahinter vermutet, bin aber nicht ganz fündig geworden, Immerhin sind es wichtige Worte, die den ganzen Lobpreis stützten wie die Wirbelsäule das Skelett. Es lautet ungefähr so:
„Ich rühme den ganzen Tag Gottes Größe; alle Zeitalter reden vom Glanz und von der Gewalt Gottes, die im Gedächtnis ist. Gott ist barmherzig und gütig. Wir danken dem Glanz, bringen Lobpreis dem König und seiner Treue, dem Helfer der Niederfallenden, den Augen aller, die öffnende Hand, gerecht und nahe. Seine Güte behütet alle. Das ist der Lobgesang.“
Das Letzte Wort knüpft an das Erste an, das aber schon vor dem Anfang steht: „Ein Lobgesang Davids.“ (Psalm 145,1)

Aus einer Notiz über die Psalmen im Judentum entnehme ich, dass der Psalm 145 zu den täglichen Gebeten gehört, vergleichbar mit unserem Vater Unser. Dieses

Gebet ist also im Judentum gut in Erinnerung geblieben ist. Es ist dazu komponiert und wurde auswendig gelernt. Diese Erinnerung an die Eigenschaften Gottes und seine Nähe wird zum Lobpreis. Die ständige Wiederholung und Erinnerung daran sollte eine Quelle der Kraft sein, so denke ich.
Die Inhalte dieses Lobpreises sind auf die Gottesvorstellung bezogen. Hier sticht besonders die Güte Gottes hervor, die Universalität und nicht zuletzt die Option für die Armen. Typisch für den Psalm sind zudem die zahlreichen Zitate aus anderen bekannten Psalmen oder Prophetenworten. Man merkt es schon beim Vorlesen, dass es viele bekannte Wendungen, Worte und auch ganze Aussagen im Psalm gibt. „Aller Augen warten auf dich, und du gibst ihnen Speise zur rechten Zeit." (Psalm 104), „Groß ist der Herr und hoch zu loben." (Psalm 95) „Der Herr ist gütig zu allen." Und „Danken sollen dir Herr deine Werke" (Psalm 103), um nur einige Anspielungen exemplarisch zu nennen.
Das ist ein Kompendium der Güte Gottes. Im Gegensatz zu anderen Psalmen gibt es auch nur ein ganz kleines Wort gegen andere, „alle Frevler vernichtet er" (Vers 22). Die Frevler zu vernichten ist nicht unsere Aufgabe. Das können wir ihm überlassen, so sagt es der Psalm den Betern.

Nun komme ich einmal zu den einzelnen Aussagen des Psalms:
Schon die Überschrift, die oft überlesen wird, ist bezeichnend: „ein Loblied Davids". Es ist noch nicht deutlich, wieso ich das mit der Erinnerung in Verbindung bringe. Es ist aber die Frage, woran ich mich erinnern möchte bzw. erinnern will. In dieser Hinsicht führt uns die Zusammenfassung auf ein bestimmtes Thema, das zur Erinnerung gehört: *„Preis der Macht und Güte Gottes gegen alle Kreatur in mannigfacher Wendung und daran geknüpfte Zuversicht, dass Gott die gebeugten Leidenden aufrichten werde."* (H. Graetz, Breslau 1883, S. 685).
Ich lese noch einmal den Psalm und achte auf die Hauptbegriffe:
Das Thema wird am Anfang genannt: „Dich will ich erheben, deinen Namen preisen." Dazu werden einige Erfahrungen aufgezählt, seien es Ereignisse aus den Erzählungen der Bibel, seien es persönliche Erfahrungen, die auf Gott zurückgeführt werden: ich will deine Wunder besingen, lobe deine Macht, Größe, Güte, usw. Güte und Erbarmen gehören zusammen. Dem entspricht auf der Seite des Beters die Dankbarkeit.
Das Bild, mit dem Gott hier benannt wird ist das eines Königs. Gottes Königsreich ist universal. Es wird nicht erhofft, sondern ist schon da, im Glauben. Das universale Element wird mit dem Wörtchen alle betont. Besonders in den Versen 9 und 10 und dann ab 14: „Der Herr ist gütig zu allen. Sein Erbarmen waltet über all seinen Werken. Danken sollen dir Herr, all deine Werke." (9/10a), „Er stützt alle die fallen und richtet alle Gebeugten auf." (14), „Aller Augen warten auf dich, usw." (15f, Zitat Psalm 104), „Gerecht ist der Herr in allem, was er tut, voll Huld in all seinen Werken. Der Herr ist allen, die ihn anrufen, nahe, alle die zu ihm aufrichtig rufen." (16 – 18), „Alles, was lebt, preise seinen heiligen Namen." (21). Die universale Gegenwart Gottes soll in die universale Anbetung münden. Der

Missionsbefehl Jesu ist hier schon vorgedacht.
Dieses alles soll in Erinnerung bleiben. Lobpreis muss wohl in erster Linie eine Sache der Erinnerung sein. Die religiösen Bekenntnisse und Gebete, wie hier im Psalm oder bei uns im Glaubensbekenntnis und „Vater Unser“ sollen uns immer wieder selbst daran erinnern, was Gott uns verkündigt, um das Heil in unserem Leben zu sehen und zu glauben. Dabei schließen wir niemanden aus oder bezeichnen ihn als Feind Gottes. Mit den Frevlern wird Gott schon selbst fertig. Niemand setzt sich an seine Stelle in dieser Hinsicht. Die Liebe, Güte und das Erbarmen Gottes hingegen sollen wir schon weitergeben, wie Jesus es ja auch verstanden hat, ganz Jude in dieser Hinsicht.
Wo soll so gebetet werden. Dazu finde ich eine Aussage des Philosophen Jacques Derrida, die sicherlich im Mund eines postmodernen Philosophen sehr ungewöhnlich klingt. „Es müsste in jedem Gebet eine Adresse an den anderen als anderen geben und ich möchte sagen, auf die Gefahr hin zu schockieren, Gott zum Beispiel ... Indes möchte ich ihn unterscheidend abheben von einem anderen Zug, mit dem er meist verknüpft ist, nämlich der Lobpreisung und der Feier...“ *(Jacques Derrida, Wie nicht sprechen, Passagen Verlag, Wien, 2014, S. 74).*
Er sagt zuerst, wozu sich das Gebet von einem gewöhnlichen Gespräch unterscheidet und dann, was die Anrufung des Namens Gottes und sein Lobpreis bedeutet. Zunächst ist Gottes Gegenwart für uns unverfügbar und wir sprechen Gott im Gebet als einen Unbekannten an. Es gibt kein Bild von Gott. Gottes Gegenwart ist souverän (wie ein König) und damit eben unverfügbar.
Zugleich muss es aber das Bild der Nähe und Gegenwart Gottes geben, das für uns Christen Jesus ist, und das hier im Judentum wie auch im Islam durch die Eigenschaften Gottes ausgedrückt wird. Daher werden hier in diesem Psalm viele Eigenschaften Gottes aufgezählt. Gott ist hier der Grund und die Quelle des Lebens für alle Menschen. Diese damit verbundenen Erfahrungen werden aufgezählt und in Erinnerung gerufen, immer wieder.
Wir lesen den Psalm noch einmal, jetzt in der Übersetzung Martin Bubers. Ich möchte dabei wie im hebräischen Psalmgesang jeden Vers vom ersten Wort her betonen. Man wird dabei sehen, dass Martin Buber in seiner Übersetzung das hebräische doch ein wenig nachgeahmt hat, ohne allerdings von der deutschen Sprache ganz abzugehen. Typisch sind für ihn auch zum Teil völlig neue oder wenigstens ungewohnte Worte.

Psalm 145
1 Eine Preisung Dawids.
Mein Gott, o König, dich will ich erheben, deinen Namen segnen in Weltzeit und Ewigkeit.
2 Alletag will ich dich segnen, deinen Namen preisen in Weltzeit und Ewigkeit:
3 »Groß ist ER und sehr gepriesen, seine Größe ist unerforschlich.«
4 Deine Werke rühmt Geschlecht dem Geschlecht, sie melden deine Gewalten.
5 Den Glanz des Ehrenscheins deiner Hehre und deiner Wunder Begebnisse will ich berichten,

6 daß man bespreche die Macht deiner Furchtbarkeiten, deine Größe, ich will sie
erzählen:
7 aussagen soll man deiner vielen Güte Gedächtnis, umjubeln soll man deine
Bewährung. –
8 Gönnend und erbarmend ist ER, langmütig und groß an Huld.
9 Gütig ist ER allem, sein Erbarmen über all seinen Werken.
10 Dir danken, DU, all deine Werke, deine Holden segnen dich.
11 Sie sprechen von deines Königtums Ehrenschein, sie reden von deiner Gewalt:
12 »kundzumachen seine Gewalten den Menschenkindern und den Schein seiner
Königtumshehre«.
13 Dein Königtum ist ein Königtum aller Zeiten, deine Herrschaft durch alles
Geschlecht und Geschlecht. –
14 Allen Fallenden ist ein Haltender ER, ein Aufreckender allen Gebückten.
15 Aller Augen warten auf dich, ihre Nahrung gibst du ihnen zu ihrer Frist,
16 der du deine Hand öffnest und alles Lebende sättigst mit Gefallen. - 17
Wahrhaftig ist ER in all seinen Wegen, huldreich in all seinen Werken. 18 Nah
ist ER den ihn Rufenden allen, allen, die ihn rufen in Treuen.
19 Das Gefallen der ihn Fürchtenden wirkt er, ihr Stöhnen hört er, und er befreit
sie.
20 ER hütet alle, die ihn lieben, aber alle Frevler vertilgt er.
21 SEINE Preisung redet mein Mund, daß alles Fleisch den Namen seiner
Heiligung segne in Weltzeit und Ewigkeit.
(Die Schrift, Band vier, die Schriftwerke, verdeutscvht von martin buer,
Heildelberg, 1986, S. 204f)

G
Halle 4.1
DUMONT
DE
VIGAN

Andacht elf, Weisheit

Weisheit 7, 22-30 (Gute Nachricht Bibel)
22 Die Weisheit ist vernünftig und heilig. Sie ist einzig in ihrer Art und doch vielfältig, fein und beweglich, durchsichtig, fleckenlos und klar. Niemand kann ihr etwas anhaben. Sie liebt das Gute und durchschaut alles. 23 Nichts kann sie hindern. Sie erweist den Menschen Wohltaten und meint es gut mit ihnen. Sie ist fest und unerschütterlich und genügt sich selbst. Sie kann alles, sie sieht alles; sie durchdringt alle denkenden Geister, so fein sie sind.
24 Die Weisheit ist schneller als alles und so rein und fein, dass sie durch alles hindurchgehen kann. 25 Denn sie ist ein Hauch, der von dem allmächtigen Gott ausgeht, ein reiner Ausfluss seiner Herrlichkeit; deshalb kann nichts Unreines in sie eindringen. 26 Sie ist der Abglanz des ewigen Lichtes, der ungetrübte Spiegel von Gottes Macht, das Abbild seiner Vollkommenheit. 27 Sie ist nur eine und kann doch alles; selbst unwandelbar, erneuert sie alle Dinge.
In jeder Generation nimmt sie Wohnung in heiligen Seelen und macht Menschen zu Vertrauten Gottes und zu Propheten. 28 Nur wer in engster Verbindung mit ihr lebt, wird von Gott geliebt.
29 Die Weisheit leuchtet herrlicher als die Sonne und steht höher als jeder Stern; sie übertrifft sogar das Tageslicht. 30 Denn auf den Tag folgt die Nacht; aber über die Weisheit hat das Böse keine Macht.

Liebe Gemeinde,
Ich habe heute unter der Überschrift "Die Quellen der Kraft" mal einen etwas ungewöhnlichen Text ausgewählt, einen Abschnitt aus dem Buch „Die Weisheit Salomos". In Wahrheit ist das Buch keinesfalls aus der Zeit des Königs Salomo, sondern im griechischen Judentum in Ägypten um 40 nach Christi Geburt entstanden, etwa gleichzeitig mit den Paulusbriefen oder nur wenige Jahre eher.

Wir werden hier etwas mehr über die Weisheit erfahren. Weisheit klingt zuerst wie Klugheit, ist aber ein viel umfassenderer Begriff. Die Weisheit ist die Kraft der Schöpfung, ist die Lebendigkeit, die Gott in diese Schöpfung hineingebracht hat. Insofern wird hier die Weisheit etwa wie bei uns Christus oder der Heilige Geist zu einer göttlichen Person.
Doch das mag noch zu theologisch klingen. Es ist einfach eine Gestalt der Göttlichkeit auf der Erde. Bevor Gott Mensch wurde in Jesus Christus, nahm er schon Gestalt an in der Kraft der Schöpfung in seiner Lebendigkeit und Weisheit. Diese Weisheit ist natürlich, wie es der Begriff schon sagt, gleichzeitig eine menschliche Eigenschaft. Hier wird sie dem König in den Mund gelegt und bekommt dadurch eine allgemein gültige Bedeutung. Der Abschnitt, den ich ausgesucht habe klingt wie ein Gedicht. Für mich hört sich das etwa an wie das Lied der Liebe in 1.Korinther 13. Man könnte das Wort „Weisheit" vielleicht auch mit den Wörtern „Glaube" oder „Liebe" vertauschen.
Salomo beschreibt die Weisheit als die Kraft, die die Schöpfung lebendig macht.

Er beginnt mit einer Liste von einundzwanzig Attributen (V. 22b – 23) und beschreibt ihre Beweglichkeit und Reinheit, die zu ihrer göttlichen Natur in Beziehung steht (V. 24 – 26). Die Weisheit ist gleichzeitig beides, die Ordnung der Natur und eine Gabe jedes einzelnen Menschen oder Geschöpfs. In all dem ist Gott der Geber des Lebens und die Kraft der Erneuerung. (Vgl. George W. E. Nickelsburg: Jewish Literature between the Bible and the Mishnah, Second Edition, Fortress Press Minneapolis, 2005, S. 209)
Ich lese zuerst die genannte Aufzählung:

22 Die Weisheit ist vernünftig und heilig.
Sie ist einzig in ihrer Art und doch vielfältig, fein und beweglich, durchsichtig, fleckenlos und klar.
Niemand kann ihr etwas anhaben.
Sie liebt das Gute und durchschaut alles.
23 Nichts kann sie hindern.
Sie erweist den Menschen Wohltaten und meint es gut mit ihnen.
Sie ist fest und unerschütterlich und genügt sich selbst.
Sie kann alles, sie sieht alles; sie durchdringt alle denkenden Geister, so fein sie sind.

Sie ist im Geist, ist vernünftig und heilig, einheitlich und vielfältig. In diesem zwei Wortpaaren sehe ich schon, dass hier eine Spannung aufgebaut oder vorausgesetzt wird: Einheitlichkeit kann nicht gegen Vielfalt gesetzt werden. Genauso der Glaube kann der Vernunft nicht widersprechen. An das Wasser erinnern die Adjektive: beweglich, durchsichtig und klar. Sie liebt das Gute und ist auch spitz und scharf. Sie ist durchdringend und von einer guten Kraft. Ist den Menschen zugetan. Von vielseitiger Macht, alle denkenden Geister durchdringend durch ihre feinsinnige Fähigkeit. Wir sehen, dass sich in dieser Aufzählung Göttlichkeit und Natur nicht trennen lassen. Gott ist aber nicht nur ein Grundprinzip der Natur, sondern zeigt sich ebenso in der Vielfalt, der Lebendigkeit und in seinem Fluss. Mag sein, dass hier Anklänge an die antike Philosophie vorliegen, aber zugleich ist das eine tiefe Religiosität der Naturbezogenheit und Geschöpflichkeit. Die Menschenliebe, die Güte und auch die Kraft und Macht sind hier untergemischt. Das Bild der Natur ist eigentlich ein Bild der Existenz und es geht, wenn man so will, um das Sein. Wir müssen die Frage nach dem Sinn unseres Lebens gar nicht von der Frage nach dem Sinn der Welt trennen. Wir sehen die Sprache Gottes in uns selbst genauso wie in der Natur, im Licht, im Wasser, im Wind usw.
Es folgt noch eine nähere Bestimmung der Weisheit:

24 Die Weisheit ist schneller als alles und so rein und fein, dass sie durch alles hindurchgehen kann. 25 Denn sie ist ein Hauch, der von dem allmächtigen Gott ausgeht, ein reiner Ausfluss seiner Herrlichkeit; deshalb kann nichts Unreines in sie eindringen. 26 Sie ist der Abglanz des ewigen Lichtes, der ungetrübte Spiegel von Gottes Macht, das Abbild seiner Vollkommenheit. 27 Sie ist nur eine und kann doch alles; selbst unwandelbar, erneuert sie alle Dinge.

Hier wird die Göttlichkeit der Weisheit näher definiert, aber so, dass sie zu den vorher beschriebenen Lebendigkeit und Vielfalt passt. Die Weisheit kann durch alles hindurchgehen. Das wird gesagt, damit Göttlichkeit und Lebendigkeit nicht in einen Gegensatz geraten. Die Weisheit ist eine Eigenschaft Gottes, ja sie ist ein Teil Gottes selbst. Das erinnert doch auch schon etwas an die Ausgießung des Heiligen Geistes. Sie ist Abglanz des ewigen Lichtes, sie ist Licht der Welt, wie Christus. Wir sehen, dass Beschreibungen der Weisheit später auf Christus übergegangen sind. Aus der Einheit vermag sie alles zu wirken. In der Ruhe liegt die Kraft, könnte man sagen. Die Einheit ist die Quelle der Vielfalt, der Möglichkeiten.

Doch in allem bleibt sie eben nicht ungetrennt von uns Menschen, sondern ist gerade ein Teil von uns, die wir uns als Teil der Schöpfung und Kinder Gottes sehen. Die nächsten Sätze sind etwas kürzer und führen diese Gedanken näher aus:

(27b) In jeder Generation nimmt sie Wohnung in heiligen Seelen und macht Menschen zu Vertrauten Gottes und zu Propheten. 28 Nur wer in engster Verbindung mit ihr lebt, wird von Gott geliebt.
29 Die Weisheit leuchtet herrlicher als die Sonne und steht höher als jeder Stern; sie übertrifft sogar das Tageslicht. 30 Denn auf den Tag folgt die Nacht; aber über die Weisheit hat das Böse keine Macht.

Die Weisheit ist nichts anderes als Quelle der Prophetie. Die Worte und Gedanken Gottes fließen aus hier heraus zu den Menschen. Klar, dass dies alles auf Christus übertragen wurde. Doch das geschieht ja auch nur, um es auf uns Menschen zu übertragen. Daher folgt nun doch auch eine Ermahnung, nämlich die Nähe Gottes und der Weisheit auch wirklich zu suchen. Die Weisheit ist das höchste, hellste und strahlendste Licht. Sie ist das Licht der Welt. In Jesus Christus wird das für uns vermenschlicht, was hier ein wenig philosophisch oder literarisch ausgedrückt wird. Der Name Gottes, zeigt, dass es dabei um Religion geht, aber zugleich um das Leben. Im Gedanken an die Weisheit, die in der ganzen Natur manifest ist, wird doch auch die Schöpferkraft Gottes deutlich. So ist Weisheit doch viel mehr als eine Weltanschauung, sondern sie ist zugleich ein Teil Gottes in uns, ein Gedanke, der im Christentum auf den Geist Gottes übergegangen ist. Diese Weisheit wird nicht durch das Böse vernichtet und bleibt lebendig. Ja vielmehr in dieser Lebendigkeit ist die Macht des Lebens gegen das Böse verborgen. In diesem Gedanken, dass in Christus das Böse keine Macht über uns hat, wird letztlich aus dem Begriff Weisheit der Glaube. Ich finde es ein wenig schade, dass uns das Wort Weisheit und das Gefühl von Weisheit ein wenig verloren gegangen ist oder dass manche meinen, sie würden es aus den östlichen Religionen herauslesen. Das ist zwar richtig, aber es findet sich diese Quelle der Kraft doch genauso auch in unserer christlich-jüdischen Tradition. Die frühen Kirchen haben das Buch Weisheit geliebt. Das ist leider ein wenig in Vergessenheit geraten. Doch heute haben wir dazu wieder mehr Zugang gefunden. Wenn wir ein Teil des Lebens sind, ist das Leben auch ein Teil von uns. Amen.

Andacht zwölf, Die Engel, Texte aus der Sabbatliturgie aus Qumran

Diese Andacht wird aus elf Meditationen über die Engel bestehen. Die Texte der Vorlage sind jüdischen Ursprungs und wurden in den Höhlen bei Qumran gefunden.
Klaus Berger hat eine deutsche Übertragung verschiedener Psalmen aus Qumran erstellt, die zum Teil reine Rekonstruktionen sind, da die Vorlagen nur fragmentarisch erhalten sind. (Siehe: Klaus Berger: Psalmen aus Qumran, Quell Verlag Stuttgart 1994).
Ich bearbeite diese Vorlage zu Meditationen im Prosastil, da ich nur teilweise den Psalmengesang aufgreife. Es geht darum, den wesentlichen Inhalt der Engelsvorstellungen dieser Lieder referierend vor Augen zu führen.
Diese Texte sind interessant, da die Bibel etwas über Engel überliefert, aber an kaum einer Stelle wirklich erklärt, was damit eigentlich gemeint ist. Einen zusammenhängenden Engelstext, sozusagen einen Blick hinter den himmlischen Vorhang, gibt es in der Bibel nicht. In den Evangelien sind Engel Überbringer göttlicher Botschaften und erscheinen im Traum. Doch welches Wesen man ihnen im Christentum zuschreibt, ist fast völlig unbekannt. Auch im Hebräerbrief ist von den Engeln die Rede und es heißt, Christus sei höher als sie. Die Vorstellung, auf die sich solche Aussagen beziehen, findet sich erstaunlicherweise eher in den „Engelsliedern“ aus Qumran als im Alten Testament. Später finden sich Engelsvorstellungen im Koran und in der jüdischen Tradition. Aber welche Vorstellung das Neue Testament voraussetzt, kann man eigentlich nur aus den Schriften aus Qumran erschließen, da die Qumrantexte spätestens im Jahr 68 n. Chr. entstanden sind und danach bis 1948 nicht mehr aufgefunden wurden. Der Urtext ist auf einer Homepage zu finden, auf der die Funde der Höhlen von Qumran fotografisch erschlossen werden (http://www.deadseascrolls.org.il).

Ich werde die in deutscher Sprache dokumentierten Texte aus Qumran bei der Bearbeitung vergleichen und berücksichtigen (Johann Maier: Die Qumran Essener: Die Texte vom Toten Meer, Band II, Reinhardt Verlag München Basel 1995). Die Auswahl richtet sich nach der Frage: Was hat das Judentum zu der Zeit Jesu über die Vorstellung der Engel wirklich geglaubt? Daraus kann man auch die Gottesvorstellung ableiten, die sich später mit dem Messiasgedanken verbindet.

Eigentlich gehören diese Texte zur sogenannten Sabbatliturgie. Jeder Psalm ist einem Sabbat des ersten Quartals zugeordnet. Es müssen daher 13 Sabbatpsalmen gewesen sein. Doch die genaue Zuordnung ist nur noch zum Teil möglich; daher habe ich diese weggelassen. Die Zuordnung der übrigen Texte ist ohnehin schwierig, da sie aus Papyrusresten rekonstruiert wurden. Die Reihenfolge der Lieder wurde aus dem Bericht von George Nickelsburg übernommen, soweit sie dort vorliegt (Literaturangabe: George W. E. Nickelsburg: Jewish Literature between the Bible and the Mishnah, A Historical and Literary Introduction, Second Edition, Fortress Presss, Minneapolis 2005, S. 161ff, S. 151ff). Die

Übertragungen und Zusammenfassungen habe ich zuerst unter Zuhilfenahme der Texte von Klaus Berger erstellt (s. o.).
Ich habe versucht, den jüdisch orientierten Inhalt zu erhalten, finde aber, dass viele Gedanken auch christlich zu deuten sind, vor allem wenn man sich fragt, was die Aussagen der Himmelbeschreibungen für die jeweils versammelte Gemeinde bedeuten könnten.

Zur Einstimmung lese ich das Gedicht:
Ich ließ meinen Engel lange nicht los
(Quelle:...)
Ich ließ meinen Engel lange nicht los,
und er verarmte mir in den Armen
und wurde klein, und ich wurde groß:
und auf einmal war ich das Erbarmen,
und er eine zitternde Bitte bloß.

Da hab ich ihm seine Himmel gegeben, -
und er ließ mir das Nahe, daraus er entschwand;
er lernte das Schweben, ich lernte das Leben,
und wir haben langsam einander erkannt...
Die einzelnen Texte über die Psalmen in der Andacht in einer Auswahl vorgelesen, die jeweils kommentiert wird; die Kommentare habe ich hier (noch) nicht notiert.

I.
Der himmlische Tempel ist die Wohnung der Göttlichen und Heiligen.
Die Himmlischen loben Gott und freuen sich über seine Gemeinschaft.
Sie sind als Priester des Himmels eingesetzt, die Gottes Nähe im Allerheiligsten dieses Tempels erfahren.
Sie sind die Engel Gottes und schöpfen aus der Quelle seiner Heiligkeit.
Sie dienen im Allerheiligsten und erfahren so Gottes Wahrheit und Erkenntnis.
Ihnen sind die Vorschriften und Gesetze Gottes bekannt gemacht.
In ihren Heiligtümern ist nichts Unreines. Sie heiligen sich selbst und werden durch das göttliche Licht gereinigt.
Sie sind verantwortlich für ihren Bereich und wirken auf die Königsversammlungen ein.
Sie kennen den göttlichen Zorn und Eifer, erfahren aber aus seinem Mund die Vergebung und das Erbarmen, das sie den Menschen weitergeben, die den Frevel verlassen.
Durch alle Erkenntnis, Weisheit und alle Regeln, die sie verkünden regiert Gott selbst.
Die Engel sind himmlische Priester und begegnen Gott im Allerheiligsten der Himmelshöhen; sie sind Göttliche, Priester von Hohen Höhen.

II.
Die Göttlichen sind im Lobpreis verbunden.
Sie loben die Herrlichkeit und Erkenntnis des göttlichen Königtums.
Die Verehrung klingt in alle Gottes-Engel Versammlungen hinein, bis hinein in die Gottesfurcht der menschlichen Gemeinden.
Die Engel künden den Beginn der Gottesherrschaft und bezeugen seine Wahrheit und Erkenntnis.
In allen Himmeln und Höhen erklingen die Psalmen und der Lobpreis Gottes.
Die Herrlichkeit Gottes wird von allen Engeln bezeugt.
Die Fragen gelten uns daher heute:
Was muss geschehen, dass wir zum ewigen Reich Gottes gezählt werden?
Was gilt dort im Himmel unser irdisches Priestertum?
Sind unsere Kirchen und Tempel ein Abbild des himmlischen?
Lässt sich die irdische Heiligkeit mit der himmlischen vergleichen?
Wie wollen wir den Gott der Erkenntnis, den Wissenden verehren und zur Verbreitung seiner Göttlichkeit beitragen?

III. und IV. sind nicht lesbar.

V.
Leider gibt es auch im Himmel Krieg der Gottesengel.
Die Waffen gehören allein Gott.
...

VI.
Die sieben Abteilungen der Engel erheben sich und sieben Vorderste stimmen jeweils einen Lobgesang Gottes an.
...

VII.
„Lobt Gott in der Höhe, die über allen Göttlichen stehen."
Die heiligsten unter den Heiligen heiligen den himmlischen König.
Dieser bringt sie zu der Erkenntnis seiner Heiligkeit.
Die Vorderen der Gottesengel preisen Gott in der Pracht seiner Lobpreisungen.
Die Größe seines Königtums ist unbeschreiblich
Das Lob der Größe und Erhabenheit Gottes geht auf alle Engel über.
Dadurch werden alle Engel zu einer Botschaft seines Mundes.
Durch sie wird der Wille seiner Erkenntnis verbreitet.
Wer an der Erkenntnis Gottes Anteil hat, hat Grund zur Freude.
Das Lob Gottes wird immer weiterverbreitet, in allen Sprachen der Engel und Menschen.
Alle Geister der Gerechtigkeit bekennen seine Wahrheit.
Die wunderbare Musik dieses Lobs verbreitet sich im Gebäude des Himmels.
Alle Engel tragen das göttliche Licht hinein in die Welt des Himmels.

Alle Balken und Mauern des himmlischen Tempels erstrahlen vom göttlichen Licht.
Wahrheit und Gerechtigkeit sind die Namen seiner Wände.

VIII.
„Lobt den Gott aller hohen Höhen ihr Heiligen, ewigen Engel."
Alle sieben himmlischen Priesterschaften erheben Gott und lobsingen ihm.
Die Obersten und Engel des Königs leben von Erkenntnis und Einsicht.
Sie bezeugen der ganzen Gemeinde die Herrlichkeit und Größe Gottes.
Sie loben, rühmen und verherrlichen den Ewigen, den König der Herrlichkeit.
Das Opfer ihrer Zunge entspricht sieben Erkenntnis-Mysterien im Wunder des Allerheiligsten.
Sie preisen Gott mit Psalmen von wunderbaren Worten.
Die Stimmen der sieben Bereiche verstärken sich gegenseitig.
So werden die Stimmen kräftig und miteinander verbunden.
„Lobet den Herrn, all ihr Göttlichen, verbindet seine Wunder zu großem Lobgesang und bezeugt das Licht seiner Erkenntnis."

IX.
Der Geist Gottes geht vom Allerheiligsten aus.
Das Lob der Engel verbindet sich zu einer mächtigen Verkündigung.
Die Vorhallen der Geister schließen sich den Stimmen der Heiligen an.
Die Gestalten der Heiligkeit finden sich an den Wänden der Vorhallen wieder, Kunstgebilde von wunderbarer Art.
Die Gestalt des himmlischen Tempels wird durch das Licht gebildet.
Die Vorhänge des Allerheiligsten sind aus wunderbaren Farben gewirkt.
Aus dem Inneren des Allerheiligsten strahlen die wunderbarsten Farben des Lichtes.

X.
Die Gottesengel loben ihn, Geister vom Allerheiligsten, Gestalten von Herrlichkeit.
...
Wenn das Licht verschwindet, kehren die Heiligkeitsengel wieder zurück.
Sie erscheinen mit einem Licht aus Feuer in verschiedenen wunderbaren Farben in reinem Glanz.

XII.
Die Gottesengel loben Gott in seiner Herrlichkeit in der ganzen Gemeinde der Diener Gottes.
Der Lobgesang erklingt von allen Himmelsrichtungen von den Toren des Heiligtums.
Alle Pforten stehen offen für den Gesang der Gottwesen und für die heiligen Engel, deren Lobgesang beim Ausgang und Eingang erklingt.

Sie halten sich treu an die Worte Gottes und weichen nicht ab.
Sie halten sich an die Bestimmung Gottes, die Furcht Gottes bestimmt die Treue zu ihren Aufgaben.

XIII.
Die Herrlichkeit des himmlischen Königs und seiner Engel zeigt sich in wunderbaren Farben, buntgewirkt wie Gewebtes, ziselierte Prachtformen, Purpurerscheinungen, Lichtfarben,
Viele unterschiedliche Farben, die in ein weißes Licht hineinführen.
Wie Strahlen aus Feingold, glanzpoliert, erscheinen die Engel.
Die Farben sind gemischt wie in einem Gewebe.
Sie sind die Vorderen der einzelnen Bereiche seiner Herrschaft, Heilige für den König der Heiligkeit in allen Höhen der Heiligtümer des Königtums seiner Herrlichkeit.
Sie preisen die Erkenntnis Gottes, die Erkenntnis seiner Einsicht in den Werken seiner Herrlichkeit.
Sie halten sich an die Vorschriften seiner Heiligkeit und kennen die Erkenntnis seiner Einsicht durch den Verstand seiner Herrlichkeit.

Schluss:
Wer bei der Lektüre dieser Psalmen das Neue Testament im Kopf hat, mag zunächst an die Offenbarung des Johannes denken. Da gibt es sicher Anspielungen, wenn es auch zum Ende dort gerade keinen Tempel im neuen Jerusalem gibt, das von Himmel auf die Erde herabkommt. Doch die Heilige Stadt im Ganzen ist dann der Tempel.
Die Frage ist, was die Schilderung des göttlichen Himmels für die Essener bedeutet hat. Muss man nicht auch dort davon ausgehen, dass die himmlische Welt sich widerspiegeln möge in der irdischen Gegenwart? Und ist es nicht sogar eine Reaktion darauf, wenn Jesus sagt: „Das Reich Gottes ist nahe herbei gekommen“? Aber ist nicht auch Lukas 2,13 eine Zusammenfassung der Botschaft dieser Lieder: „Und plötzlich war beim dem Engel ein ganzes Heer von Engeln, all die vielen, die im Himmel Gott dienen; die priesen Gott für das ganze Volk.“
Es heißt, dass Jesus kein Essener gewesen ist. Das lässt sich auch in den Evangelien klar nachweisen. Aber der Hintergrund mag doch in manchem ein essenisches Denken gewesen sein.
Noch kurz zur Andacht: Die Gestaltung ist noch offen. Keinesfalls werden die Texte alle hintereinander weg gelesen. Es werden Lieder, Gebete und eine kurze Auslegung eingefügt.

Andacht Dreizehn, Das Licht Gottes, Psalm 36

1 Von David, dem Knecht des HERRN, vorzusingen.
2 Es sinnt der Sünder auf Frevel
im Grund seines Herzens,
er kennt kein Erschrecken vor Gott.
3 Er schmeichelt Gott vor dessen Augen
und findet doch seine Strafe für seinen Hass.
4 Seine Worte sind falsch und erlogen,
verständig und gut handelt er nicht mehr.
5 Er trachtet auf seinem Lager nach Schaden
und steht fest auf dem bösen Weg und scheut kein Arges.
6 HERR, deine Güte reicht, soweit der Himmel ist,
und deine Wahrheit, soweit die Wolken gehen.
7 Deine Gerechtigkeit steht wie die Berge Gottes
und dein Recht wie die große Tiefe.
HERR, du hilfst Menschen und Tieren.
8 Wie köstlich ist deine Güte, Gott,
dass Menschenkinder unter dem Schatten deiner Flügel Zuflucht haben!
9 Sie werden satt von den reichen Gütern deines Hauses,
und du tränkst sie mit Wonne wie mit einem Strom.
10 Denn bei dir ist die Quelle des Lebens,
und in deinem Lichte sehen wir das Licht.
11 Breite deine Güte über die, die dich kennen,
und deine Gerechtigkeit über die Frommen.
12 Lass mich nicht kommen unter den Fuß der Stolzen,
und die Hand der Frevler vertreibe mich nicht!
13 Da sind gefallen die Übeltäter,
sind gestürzt und können nicht wieder aufstehen.

Liebe Gemeinde,

Mir ist im Zusammenhang mit der Auswahl einiger Konfirmationssprüche der Vers 10 aus diesem Psalm begegnet: *„Denn bei dir ist die Quelle des Lebens, und in deinem Lichte sehen wir das Licht.“*
Der Glaube ist für mich, für uns Christinnen und Christen die Quelle der Kraft, womit ich andere Kraftquellen gar nicht in Frage stellen möchte.
Wie kommt der Psalmbeter zu diesem Gedanken und in welchen Zusammenhang ist er eingebettet? Womit verbindet er eine Vorstellung von der Quelle des Lebens?

„Der Sünder sinnt auf Frevel.“

Es kann sogar sein, dass er sich vor Gott bei demselben einschmeichelt. Es kann also ein sehr offensichtliches religiöses Verhalten gemeint sein. Glaube und Sünde schließen sich keinesfalls aus. Ich mag das Wort Sünde nicht, weil es immer dazu verleitet, auf andere zu zeigen. Ich denke, es ist eher eine Betrachtung seiner selbst, die David hier vorlegt. In einem anderen Psalm sagt er es ja offen heraus, dass er selbst auch Sünder ist.
Der böse Weg besteht darin, anderen schaden zu wollen und darin einen eigenen Nutzen zu sehen. Ich finde das eigentlich eindeutig in dem, was man Freund-Feind-Denken nennt.
„Seine Worte sind falsch und erlogen, verständig und gut handelt er nicht mehr.“
Aus dieser negativen Aussage lässt sich schließen, was sich der Beter und die Beterin aus Davids Sicht als das positive Gegenteil wünscht, verständig zu handeln und immer das Gute anzustreben. Das Freund-Feind-Denken ist doch immer bestrebt, den anderen schlechter aussehen zu lassen, als sich selbst. Das verständige und gute Handeln will das Gute für alle, für sich selbst und für die anderen.

Im nächsten Abschnitt wird Gottes Güte zum Vorbild für das menschliche Handeln.
„HERR, deine Güte reicht, soweit der Himmel ist, und deine Wahrheit, soweit die Wolken gehen.“

Gottes Güte ist so weit wie der Horizont. Gott kennt keine Grenzen, weil die ganze Erde zu ihm gehört. Wie kleinkariert doch Menschen sind, die immer unterscheiden wollen und andere ausgrenzen möchten. Die Weite der Erde, ja sogar des Weltalls ist das Bild der Güte Gottes. Gott ist unterschiedslos für alle da.

„Deine Gerechtigkeit steht wie die Berge Gottes und dein Recht wie die große Tiefe.“
Die Berge und die Täler stehen fest gegründet. Auf einem solchen Fundament soll die Gerechtigkeit gestellt werden.

„HERR, du hilfst Menschen und Tieren. Wie köstlich ist deine Güte, Gott,
dass Menschenkinder unter dem Schatten deiner Flügel Zuflucht haben!“
Die ganze Welt ist eine Quelle des Reichtums aus den Geschenken der Natur. Zuflucht unter dem Schatten der Flügel Gottes, ist das ganze Leben.

„Sie werden satt von den reichen Gütern deines Hauses, und du tränkst sie mit Wonne wie mit einem Strom. Denn bei dir ist die Quelle des Lebens, und in deinem Lichte sehen wir das Licht.“
Die Quelle des Lebens ist die Natur im Ganzen. Der Mensch lebt immer noch von den Früchten der Erde. Die Quelle des Lebens ist bei Gott und Gott ist die Quelle des Lebens. Es klingt paradox und ist aber wahr: die Quelle des Lebens ist das Leben selbst. Deshalb sollte unser höchstes Ziel sein, das Leben immer und überall zu schützen und zu bewahren.

Diese Gedanken über die Welt als Gottes Schöpfung und über die Geschenke des Lebens sollen nun zum Maßstab vorbildlichen Lebens werden.
„Breite deine Güte über die, die dich kennen, und deine Gerechtigkeit über die Frommen. Lass mich nicht kommen unter den Fuß der Stolzen,
und die Hand der Frevler vertreibe mich nicht! Da sind gefallen die Übeltäter, sind gestürzt und können nicht wieder aufstehen.“
Wenn Gott die Quelle des Lebens ist, dann ist die Ausrichtung auf Gott auch die Quelle der Güte und der Gerechtigkeit. Wer fromm ist, richtet sich nach Gott, und wer sich nach Gott richtet, lebt aus der Dankbarkeit heraus. Andere Menschen sind undankbar, aber was kümmert es uns?
Die Übeltäter können nicht wieder aufstehen. Mit Gott, sollte es hingegen gelingen, immer wieder aufstehen zu können.
Amen.

Andacht Vierzehn, Drüggelter Kapelle (2), Offenbarung 21 (Auswahl)

Die Klinikandacht hier in der Drüggelter Kapelle heißt „Quellen der Kraft". Hiermit bin ich an den Ort zurückgekommen, wo es für mich angefangen hat, nach den Quellen der Kraft zu fragen. In einer Broschüre der Gemeinde Möhnesee ist von Kraftorten die Rede. Hier heißt es: „Kraftorte üben seit Urzeiten Faszination auf Menschen aus."
Woher aber bekommen Menschen Kraft? In besagter Broschüre heißt es zur Drüggelter Kapelle unter anderem: „Der Standort und sein Umfeld haben aus geomantischer Sicht ein besonderes Kraftpotential. Besonders im Zentrum zwischen den vier Mittelsäulen soll es einen guten Kontakt zu den Kräften des Himmels und der Erde geben."
Ich möchte daher heute in dieser Kapelle versuchen, der Frage nach den Quellen der Kraft nachzugehen.

Als biblische Lesung habe ich einen Text aus der Offenbarung ausgesucht, Offenbarung 21 in Auswahl:
1 Und ich sah einen neuen Himmel und eine neue Erde; denn der erste Himmel
und die erste Erde sind vergangen, und das Meer ist nicht mehr. 2 Und ich sah die
heilige Stadt, das neue Jerusalem, von Gott aus dem Himmel herabkommen,
bereitet wie eine geschmückte Braut für ihren Mann. 3 Und ich hörte eine große
Stimme von dem Thron her, die sprach: Siehe da, die Hütte Gottes bei den
Menschen! Und er wird bei ihnen wohnen, und sie werden seine Völker sein, und
er selbst, Gott mit ihnen, wird ihr Gott sein; 4 und Gott wird abwischen alle
Tränen von ihren Augen, und der Tod wird nicht mehr sein, noch Leid noch
Geschrei noch Schmerz wird mehr sein; denn das Erste ist vergangen. ... 10 Und
er führte mich hin im Geist auf einen großen und hohen Berg und zeigte mir die
heilige Stadt Jerusalem herniederkommen aus dem Himmel von Gott, 11 die hatte
die Herrlichkeit Gottes; ihr Leuchten war gleich dem alleredelsten Stein, einem
Jaspis, klar wie Kristall; 12 sie hatte eine große und hohe Mauer und hatte zwölf
Tore und auf den Toren zwölf Engel und Namen darauf geschrieben, nämlich die
Namen der zwölf Stämme der Israeliten: 13 von Osten drei Tore, von Norden drei
Tore, von Süden drei Tore, von Westen drei Tore. 14 Und die Mauer der Stadt
hatte zwölf Grundsteine und auf ihnen die zwölf Namen der zwölf Apostel des
Lammes. ... 22 Und ich sah keinen Tempel darin; denn der Herr, der allmächtige
Gott, ist ihr Tempel, er und das Lamm. 23 Und die Stadt bedarf keiner Sonne noch
des Mondes, dass sie ihr scheinen; denn die Herrlichkeit Gottes erleuchtet sie, und
ihre Leuchte ist das Lamm. 24 Und die Völker werden wandeln in ihrem Licht;
und die Könige auf Erden werden ihre Herrlichkeit in sie bringen. 25 Und ihre
Tore werden nicht verschlossen am Tage; denn da wird keine Nacht sein. 26 Und
man wird die Herrlichkeit und die Ehre der Völker in sie bringen. 27 Und nichts
Unreines wird hineinkommen und keiner, der Gräuel tut und Lüge, sondern die
geschrieben sind in dem Lebensbuch des Lammes.

Es gibt einige äußere Zeichen, die in der Drüggelter Kapelle an Jerusalem und an das Volk Israel erinnern. Am auffälligsten ist der Zwölf-Säulen-Kreis, wobei jede Säule ein anderes Kapitell hat. Auf die Rätsel dieser Kapitelle kann ich jetzt nicht eingehen, nur auf eine Säule, vorn am Altar. Daran habe ich etwas gerätselt, da mein Sohn sagte: „Darauf ist ein Esel zu sehen." Ich habe dafür einige Zeit gebaucht, da das Relief stark verwittert ist, aber ich sehe es jetzt aber auch recht deutlich. Um den Esel herum ist Wasser. Der Esel geht nach rechts aus dem Bild und muss durch das Wasser hindurch. Dann wäre es eine Anspielung auf einen Flussübergang, der hier sicherlich irgendwo in der Nähe war. Die Möhne und kurz dahinter die Heve sind auf dem Weg von Soest nach Arnsberg zu überwinden. Es muss also hier in der Nähe eine Furt, ein Flußübergang gewesen sein. Es wäre damit die einzige Säule, die einen konkreten Bezug zur Ortslage im Möhnetal hat. Vielleicht lag hier ein Rastplatz für alle, die vom Arnsberger Wald herübergekommen sind. Im Sauerland lagen Rasthäuser immer auf dem Berg, weil die Pferde dort getränkt werden mussten.
Die Drüggelter Kapelle liegt passenderweise nicht auf dem Rücken das Haarstrangs, sondern auf einem Hügel über dem Möhnetal, sicherlich eine gute und sichere Lage.
Ich hatte einmal die Idee, dass auch diese Lage an Jerusalem erinnern könnte. Es heißt schon länger, dass es hierbei um Jerusalem geht, weil die Kapelle eventuell kurz nach einem Kreuzzug errichtet worden ist.
Wenn die Kapelle an die dortige Grabeskirche erinnert, dann daher, weil sie ein Rundbau ist. Anstelle des Rundbaus findet sich hier in der Mitte aber nur ein Ring, der auch an einen Turm oder einen Brunnen erinnern könnte. Was fehlt ist die Kuppel, die es ohnehin in Mitteleuropa nur selten gibt. Ich persönlich kenne nur den Aachener Dom. Man findet die Kuppel in der Architektur einer Moschee nach dem byzantinischen Baustil. Somit ein Zeichen für den christlichen Einfluss auf den Islam. Doch darum geht es uns jetzt hier nicht. Wir denken eher an die Grabeskirche, aber in einer verkleinerten Form ohne Kuppel.
Wenn man allerdings von der Altarnische aus in die Drüggelter Kapelle blickt, wirkt das Rund er zwölf Säulen wie eine äußere und das Rund er vier Pfeiler wie eine innere Kuppel. Was ist damit sagen will, ist, dass die Kapelle zwar keine Kuppel ausgeführt hat, aber dass sie doch angedeutet ist. Was könnte die spätmittelalterliche Baukunst mit dem Bau der Kuppel in der Grabeskirche und anderen Kirchen gemeint haben? So etwas gibt es tatsächlich in der Grabeskirche, nämlich eine kleine Kuppel über dem Grab Jesu und darüber die große Kuppel der Kirche.
Die Kuppel ist wahrscheinlich ein Symbol für den Himmel. Ist nicht der Erdhimmel in der Schöpfungsgeschichte die Feste zwischen der Erde und dem sie umgebenden Weltraum, den man sich damals noch aus Wasser vorgestellt hat. Sinnigerweise sagt die Offenbarung, dass es im neuen himmlischen Jerusalem, das auf die Erde herabkommt, keinen Tempel mehr gibt. Der Tempel ist entbehrlich. Jeder Ort auf dieser Erde kann also der Ort sein, an dem Himmel und Erde sich begegnen. Es ist meines Erachtens schon möglich, dass man dazu

besondere Orte ausgewählt hat, wie hier dieser Berg über dem Möhnetal, eine Lage wie für eine Burg prädestiniert.
Dann ist die Botschaft ganz einfach: Die Quelle der Kraft ist jeder Ort, an dem wir Gott anbeten. Nicht der Ort und der Bau macht ihn dazu, sondern die Gegenwart des Heiligsten Gottes. So sagt es die Offenbarung: Das neue Jerusalem hat keinen Tempel, denn Gott selbst ist in ihr.
Da ist natürlich auch die Gegenwart Jesu, der selbst vom Himmel herabgekommen und dorthin zurückgekehrt ist. Die Gegenwart Gottes in der Menschheit Jesu, das ist die Quelle unserer Kraft. Das ist der Glaube selbst. Es mag schon sein, dass es besondere Ort für die Ruhe und Meditation gibt, doch welche das sind, das darf meines Erachtens jede und jede für sich selbst entscheiden. Quelle der Kraft ist, dass Gott selbst in unserem Hören und Nachdenken, in unserem Beten und Singen gegenwärtig ist. Diese Kraft wünsche ich uns heute hier in der Drüggelter Kapelle.

Printed by Books on Demand GmbH, Norderstedt / Germany